PATRICK A

LE MUR DE L'ATLANTIQUE en Bretagne

1944 - 1994

ÉDITIONS OUEST-FRANCE
13, rue du Breil, Rennes

Photos de couverture :

première de couverture :
Kermoisan, Loire-Atlantique *(Service historique de la marine, Vincennes)* ;

en vignette :
Kermoisan (*photo de l'auteur)* ;

quatrième de couverture :

à gauche :
canon de 340 mm sur voie ferrée de la batterie du Bégot (presqu'île de Quiberon) en 1945 *(cliché musée de Saint-Marcel)* ;

à droite :
tourelle pour canon de 194 mm de la batterie de l'île de Cézembre (Saint-Malo) en 1994 *(photo de l'auteur).*

INTRODUCTION

Il y a 50 ans, les armes se sont tues après un conflit mondial qui dura presque 5 ans.
Parmi les dernières régions de France libérées figurait la Bretagne, car les troupes allemandes des forteresses de Lorient et de Saint-Nazaire déposèrent les armes après le 8 mai 1945.
Les fortifications du mur de l'Atlantique en Bretagne furent nombreuses et beaucoup de vestiges subsistent encore le long de nos côtes.
Comme les ruines des châteaux féodaux, des forts de Vauban et de Rivière, ils sont des témoins muets de l'histoire bretonne et, donc, la dernière génération de fortifications côtières.
Le but de cet ouvrage n'est pas de décrire dans son ensemble ce «mur» qui comportait plus de 3 000 blockhaus de toutes sortes, mais plutôt de faire découvrir aux lecteurs par l'illustration (photos, plans, archives d'époque) les plus intéressants spécimens de ceux qui existent encore de nos jours.
Nous nous attarderons sur ceux qui possèdent encore leurs canons, des fresques murales, une originalité et cela sur 1 200 km de côtes, de Cancale à Pornic. Ces blockhaus font désormais partie de notre paysage côtier et peut-être aussi du patrimoine historique de la Bretagne.

Canon antichar de 50 mm à la pointe du Grouin, Ille-et-Vilaine.

Casemate pour canon de 105 mm. (Pointe de Kermorvan, Finistère.)

Casemate pour canon de 105 mm à la pointe du Château (Côtes-d'Armor). Remarquez l'admirable intégration de la casemate dans la roche environnante.

Inscription «Défense de toucher le matériel de protection antigaz». (Batterie du Bégo, Morbihan.)

Casemate à double embrasure pour une pièce de 164 mm orientée vers le large et un canon de 75 mm axé vers l'intérieur des terres. (Batterie de Kerbonn, Finistère.) Ce type de montage est unique sur le mur de l'Atlantique en Bretagne.

Photo de propagande d'origine allemande.
Musée de la Résistance bretonne.

LE «MUR» SUR LES CÔTES BRETONNES

Le mur de l'Atlantique en Bretagne s'articulait autour des grands ports aménagés en forteresses sur l'ordre d'Hitler (Saint-Malo, Brest, Lorient et Saint-Nazaire). Les travaux commencèrent vraiment après l'été 1942.

L'ordre d'urgence des zones à fortifier était : les bases sous-marines de Brest, Lorient et Saint-Nazaire, indispensables à la lutte contre les convois alliés, les grands ports, les îles et les portions de côtes favorables à une opération amphibie de grande envergure

Sur le plan tactique, son rôle était de mettre à l'abri, de façon efficace, le personnel en cas d'attaques aériennes ou de tirs d'artillerie et de protéger, sous casemates bétonnées, le plus grand nombre de canons.

Chaque batterie devait assurer sa propre défense rapprochée. Le camouflage était particulièrement soigné pour éviter le repérage aérien. En outre, les plages favorables à un débarquement étaient truffées de mines et d'obstacles de toutes sortes (tétraèdres, hérissons tchèques, murs antichars, etc.).

La défense de chaque grand port était toujours organisée sur le même principe : deux batteries lourdes de plus de 200 mm, deux moyennes de 170 mm et au moins deux batteries légères, ainsi que de nombreux points d'appui.

Par exemple, la défense du port de Lorient était composée des batteries du Bégo à Plouharnel (3 pièces de 340 mm), de Seydlitz à l'île de Groix (4 pièces de 203 mm), du fort du Talut (4 pièces de 170 mm), du fort de Locqueltas (4 pièces de 164 mm), de Gâvres (4 pièces de 105 mm) et de la demi-batterie de Kernevel (deux canons de 105 mm).

De Cancale à Pornic, le littoral breton développe plus de 1 200 km de côtes variées, souvent rocheuses, tantôt sablonneuses ou envasées. L'organisation Todt y construisit 2 723 blockhaus de toutes sortes.

Les ports de moindre importance, comme Audierne, Cancale, Douarnenez ou Concarneau, furent défendus par de solides points d'appui. Les golfes, les embouchures comme les abers Wrach et Benoît se transformèrent en véritables forteresses.

Les îles bretonnes eurent droit à leur part de béton, comme Belle-île, Ouessant, l'île de Batz et Raguenes.

Les côtes rocheuses furent pauvres en fortifications car elles ne se prêtaient pas à une opération de grande envergure. En arrière de ce « mur », on trouve quelques batteries de l'armée de terre et des points d'appui (composés d'armes antichars et d'armes automatiques) ainsi que toute la logistique indispensable à son bon fonctionnement : dépôts de munitions, centrales téléphoniques, postes de commandement, hôpitaux, etc.

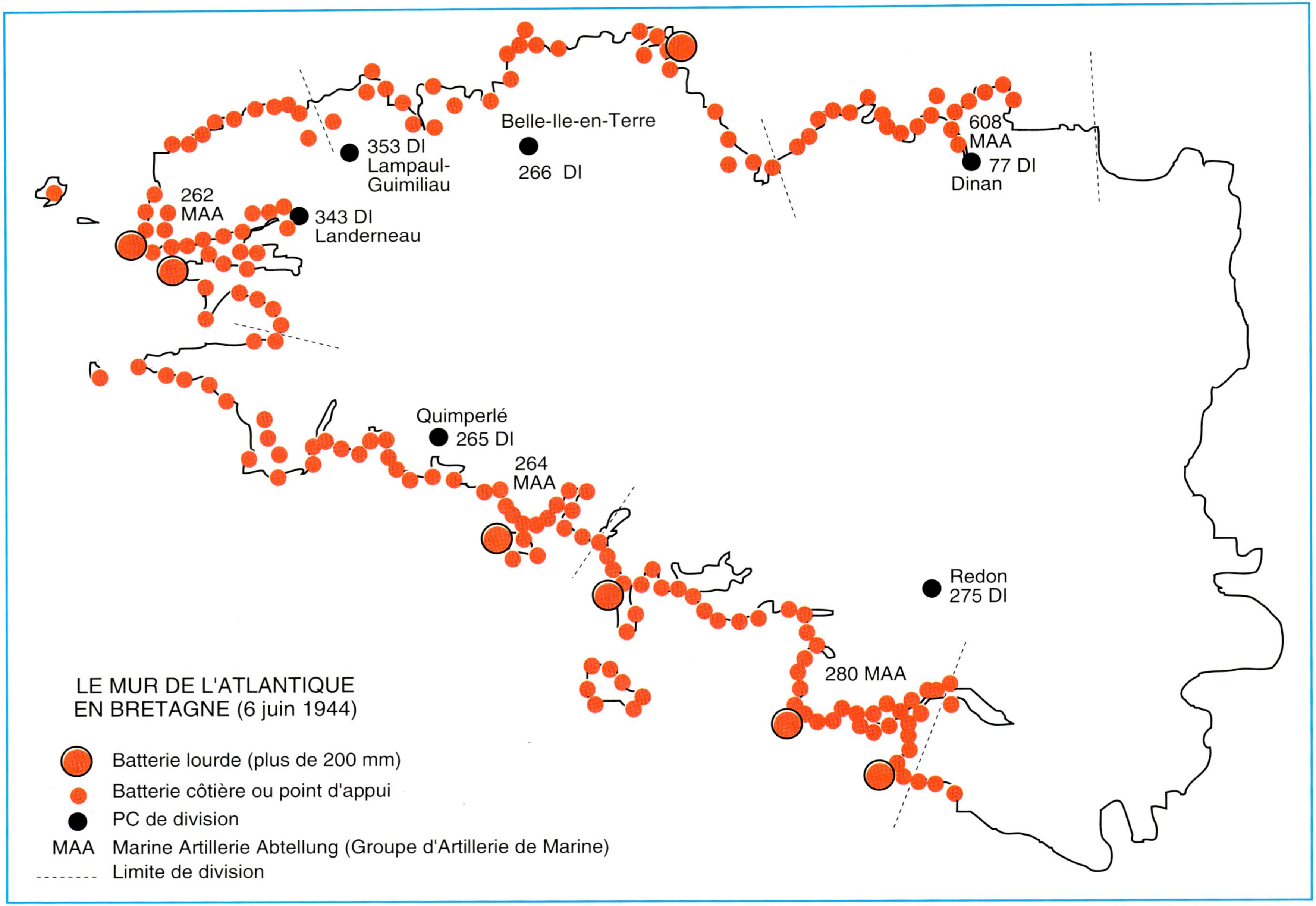
LE MUR DE L'ATLANTIQUE
EN BRETAGNE (6 juin 1944)
Batterie lourde (plus de 200 mm)
Batterie côtière ou point d'appui
PC de division
MAA Marine Artillerie Abtellung (Groupe d'Artillerie de Marine)
Limite de division
353 DI
Lampaul-
Guimiliau
Belle-Ile-en-Terre
266 DI
608
MAA
77 DI
Dinan
262
MAA
343 DI
Landerneau
Quimperlé
265 DI
264
MAA
Redon
275 DI
280 MAA

L'ORGANISATION TODT, DES BÂTISSEURS DE «PYRAMIDES»

La construction du mur de l'Atlantique et des bases sous-marines fut confiée à l'organisation Todt. Cet organisme eut pour créateur en 1938 l'ingénieur Fritz Todt, partisan de toujours d'Adolf Hitler et ministre de l'Armement et des Munitions.
La première grande réalisation de l'O.T. fut la construction de la fameuse ligne Siegfried (West Wall), qui est un ensemble de fortifications bétonnées face à la ligne Maginot. Mais c'est le mur de l'Atlantique qui représente la plus importante réalisation de l'O.T.
En ce qui concerne la Bretagne, l'O.T. construisit 2 813 bunkers dont 2 723 en état de combattre, ce qui représente, au 25 juin 1944, 1 754 916 mètres cubes de béton et environ autant de terrassement. Ces travaux bénéficient du soutien du génie de forteresse, en l'occurrence la XIXe région de génie de forteresse.
À partir de 1942, la côte bretonne devient un immense chantier, des dizaines de milliers d'ouvriers de l'O.T. s'activaient nuit et jour pour essayer de respecter le programme de construction. On trouvait parmi ces ouvriers, en dehors des Allemands : des Français, des Hollandais, des Belges, des Espagnols, des Italiens, etc. Au 15 avril 1942, les ouvriers de l'O.T. représentaient 8 458 personnes à Brest, 11 724 à Lorient et 4 668 à Saint-Nazaire (chantiers des bases sous-marines).

Casemate en cours de finition. Des ouvriers de l'O.T. appliquent une couche de goudron destinée à l'étanchéité.
Musée de la Résistance bretonne.

En 1941, fut gravé ce bloc de granite ornant un ouvrage près de Lorient. Il indiquait la présence en ces lieux de l'O.B.L., Condor, Direction supérieure de construction appartenant à l'organisation Todt. Cet état-major était chargé de diriger la construction des fortifications du secteur de Lorient.

Abri garage pour canon antichar mobile de 37 mm. (Pointe du Grouin, Ille-et-Vilaine.)

Tourelle d'observation avec périscope. (Moulin de Kéruel, Loire-Atlantique.)

DES CASEMATES BÉTONNÉES DESTINÉES À UN USAGE BIEN PRÉCIS

Les ouvrages bétonnés rencontrés sur notre côte sont très variés. Cela s'explique du fait qu'il fallait satisfaire tous les besoins de l'armée de terre, de la marine et de l'aviation chargées de la défense côtière (casemates d'artillerie, transmissions, stockage des munitions, radars, hôpitaux, casernements, postes de commandement, etc.).
L'organisation Todt standardisa tous ces ouvrages pour gagner du temps et simplifier l'organisation des chantiers et des devis. La préfabrication d'un certain nombre d'éléments était possible : systèmes de filtres antigaz, équipements électriques, poutrelles métalliques, circuits de transmissions, portes blindées, etc.
Ainsi, dans chaque position du «mur» en Bretagne, on retrouve les mêmes casemates type, mis à part quelques ouvrages adaptés à des armes de prise ou construits par une main-d'œuvre locale classés : construction spéciale (Sonderkonstruction).

DESCRIPTION TYPE D'UNE BATTERIE CÔTIÈRE DE LA MARINE ALLEMANDE

Les batteries côtières allemandes de la Kriegsmarine formaient l'ossature des fortifications du mur de l'Atlantique en Bretagne. En principe, elles sont constituées de quatre pièces d'artillerie sous casemates bétonnées ou en encuvement, d'un poste de direction de tir, de soutes à munitions, d'abris pour la troupe, de cuves pour canons antiaériens, de groupes électrogènes, d'une infirmerie et d'un point d'eau protégé.
On peut trouver aussi un radar de veille pour la détection des navires ainsi que des projecteurs. Le poste de direction de tir abrite un télémètre, un calculateur de tir et divers optiques destinés à régler efficacement le feu de la batterie.
Toutes ces casemates sont reliées entre elles par un réseau de tranchées et parfois de souterrains.
L'ensemble est ceinturé de fils de fer barbelés et de champs de mines.
L'arrière de la batterie est protégé par de petites positions bétonnées (tobrouks) abritant mitrailleuses, mortiers et lance-flammes.
Enfin, la plage face à la batterie est souvent prise en flanquement par un canon antichar sous casemate bétonnée.

Casemate pour canon de 75 mm. (Toulbroc'h, Finistère.)

Poste de direction de tir. (Batterie Kerbonn, Finistère.)

Canon de 194 mm en encuvement bétonné. (Île de Cézembre, Ille-et-Vilaine.)

Après ces généralités consacrées au mur de l'Atlantique en Bretagne, nous allons parcourir maintenant ces 1 200 km de côtes afin de vous faire découvrir ces innombrables vestiges encore visibles. Nous les situerons à l'aide de plans pour chaque position, pour vous permettre de les découvrir vous-même sur le terrain. Considérez cet ouvrage comme un guide au service des amateurs d'architecture militaire, d'histoire et de nature.

POSITION DE LA POINTE DU GROUIN

De Saint-Malo, suivre Cancale par la côte et pointe du Grouin pour les points : 1-2-3. Ensuite, prendre la direction Cancale et Port-Mer pour les points : 4-5-6.

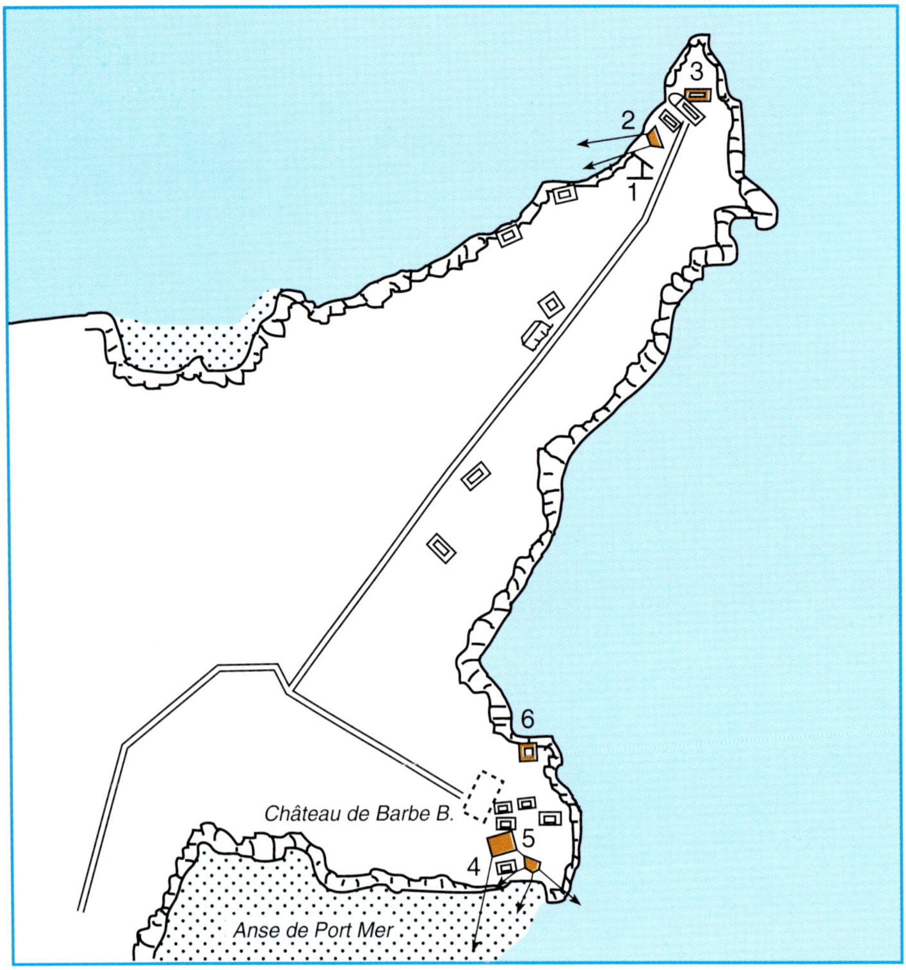

1 Sémaphore.
2 Casemate S.K. (Construction Spéciale) avec son canon antichar de 50 mm K.W.K. 39 toujours en place.
3 Casemate abritant un marquage de revanche contre l'Allemagne, d'origine F.F.I. (Forces françaises de l'intérieur).
4 Casemate pour canon de campagne de 105 mm en terrain privé.
5 Casemate type R 667 contenant toujours en très bon état son canon antichar de 50 mm K.W.K. 39.
6 Observatoire avec un très beau point de vue sur la pointe du Grouin.

Ce canon de 50 mm, bien que fortement oxydé, continue à pointer son tube vers la mer comme s'il attendait toujours le débarquement allié.

*Casemate
de la pointe du Grouin,
toujours équipée
de son canon
de 50 mm K.W.K.*

*Chambre de tir
de la casemate de Port-Mer
encore équipée de sa pièce
antichar de 50 mm.
Remarquez
le très bon état de l'ensemble.*

PLAN DE LA PETITE CASERNE DE PORT-MER (R 667) POUR CANON ANTICHAR

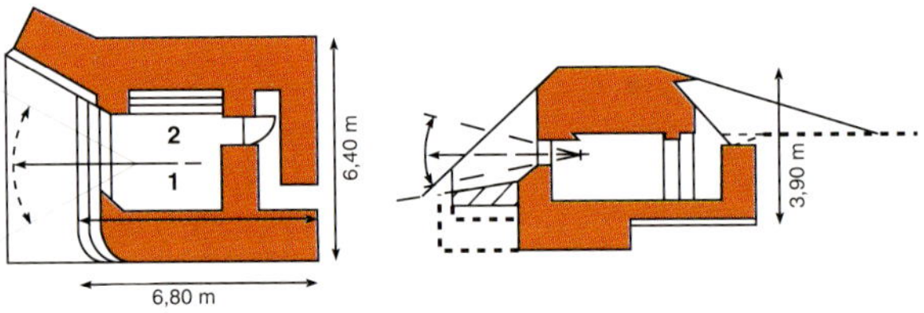

1 Chambre de tir. *2 Niche à munitions.*

L'ouvrage nécessitait : Béton : 165 m³.
Fer à béton : 7,5 tonnes.
Effectif : 6 hommes

Le canon de 50 mm K.W.K. 39 (canon pour véhicule de combat) équipait au début de la guerre le char panzer III F. Il fut remonté en grand nombre sur affût «crinoline» afin d'armer le mur de l'Atlantique où il servit essentiellement en flanquement de plage ou sur l'arrière des positions en enfilade de route. On le trouve sous casemate bétonnée ou en encuvement.

Le canon antichar de 50 mm visible à Port-Mer est certainement l'exemplaire le mieux conservé de ce type connu en Bretagne.

POSITION DE L'ARSENAL

De Saint-Malo, suivre Saint-Servan-sur-Mer, tour Solidor et Arsenal.

Après l'armistice de juin 1940, l'armée allemande saisit un nombre important de chars en bon état sur tout le territoire français. Lors de la construction du mur de l'Atlantique, elle réutilisera beaucoup de leurs tourelles (Renault R 35, B 1 bis, Somua, etc.) pour armer de petites positions bétonnées («tobrouks»). Cette tourelle provient d'un char Renault FT 17 datant de la Première Guerre mondiale. Il était en 1940 complètement dépassé.

COUPE D'UN «TOBROUK» POUR TOURELLE DE CHAR RENAULT FT 17

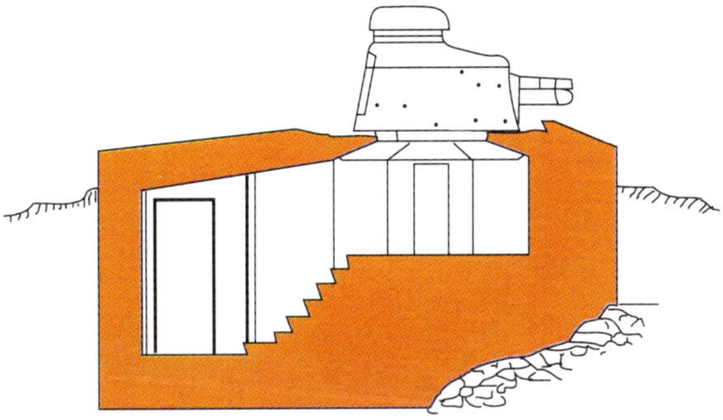

Tir sur 360°.
Blindage : 22 mm maximum.
Armement : 1 canon de 37 mm Mle S.A. 18, ou une mitrailleuse Hotchkiss Mle 1914 calibre 8 mm, ou une mitrailleuse Mle 1931 cal. 7,5 mm.
Mission : défense contre l'infanterie et poste de guet.

«Tobrouk» avec tourelle de char Renault FT 17.

De Saint-Malo, suivre Paramé, Rothéneuf et pointe de la Varde.

POSITION DE LA POINTE DE LA VARDE

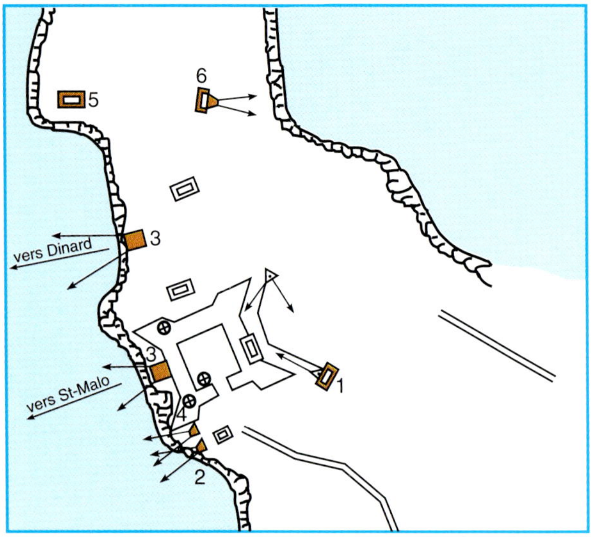

1 Casemate supportant une cloche blindée à six embrasures équipée de deux mitrailleuses M.G. 34 calibre 7,92 mm et abritant un effectif de 9 hommes. À remarquer les nombreux impacts d'obus performants tirés en août 1944 par l'armée américaine lors de la bataille de Saint-Malo.
2 Casemate pour canon antichar de 50 mm K.W.K. 39.
3 Casemate pour canon de campagne de 155 mm.
4 «Tobrouk» pour mortier de 80 mm Mle 34.
5 Casemate supportant une cloche blindée d'observation et de réglage d'artillerie abritant un effectif de 8 hommes. Celle-ci est criblée d'impacts de mitrailleuse lourde de 12,7 mm.
6 Casemate pour canon antichar de forteresse de 47 mm jumelé avec une mitrailleuse de 7,92 mm (Skoda).

Ces centaines d'impacts de mitrailleuses sur la cloche blindée d'observation de la Varde nous rappellent les durs combats livrés par la 83e D.I. américaine pour libérer Saint-Malo.

COUPE D'UNE CLOCHE BLINDÉE POUR DEUX MITRAILLEUSES M.G. 34.

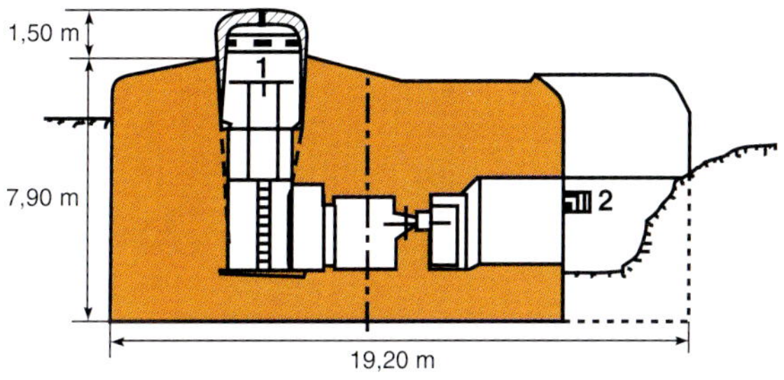

1 Chambre de tir.
2 Créneau de défense.

L'ouvrage nécessitait :
Béton : 1 600 m^3*.*
Fer à béton : 93 tonnes.
Métal profilé : 7,6 tonnes.

Calibre : 7,92 mm
Cadence de tir :
900 coups minute.
Portée utile :
3 500 mètres.
Blindage :
de 30 cm à 47 cm.
Tir sur 360° par six

Cloche blindée pour deux mitrailleuses M.G. 34 de la pointe de la Varde. Malgré les nombreux coups au but, celle-ci n'a pas été percée.

Vue de l'intérieur de la cloche blindée d'observation. Malgré la proximité de la mer, l'ensemble est en parfait état. Elle était équipée de quatre épiscopes et d'un périscope central.

Casemate pour cloche blindée d'observation grand module. Remarquez le béton ravagé par la mitraille lors des combats d'août 1944.

Cette position très dense, tenue par des hommes de la 77e division d'infanterie, est intégrée sur d'anciennes fortifications côtières françaises. Elle était un des points d'appui importants de la forteresse de Saint-Malo. Elle essuya de nombreux bombardements et tirs d'artillerie effectués par l'armée américaine lors de la bataille de Saint-Malo. Les traces laissées par la mitraille sont encore visibles sur les blockhaus. Le 13 août 1944, après une violente préparation d'artillerie, une centaine de soldats allemands se rendirent à des éléments de la 83e division d'infanterie U.S.

FORTERESSE DE LA CITÉ D'ALETH

Saint-Servan-s/Mer, Ille-et-Vilaine

Plan du réseau souterrain reliant les différents blocs de combat.

Service domanial de la ville de Saint-Malo.

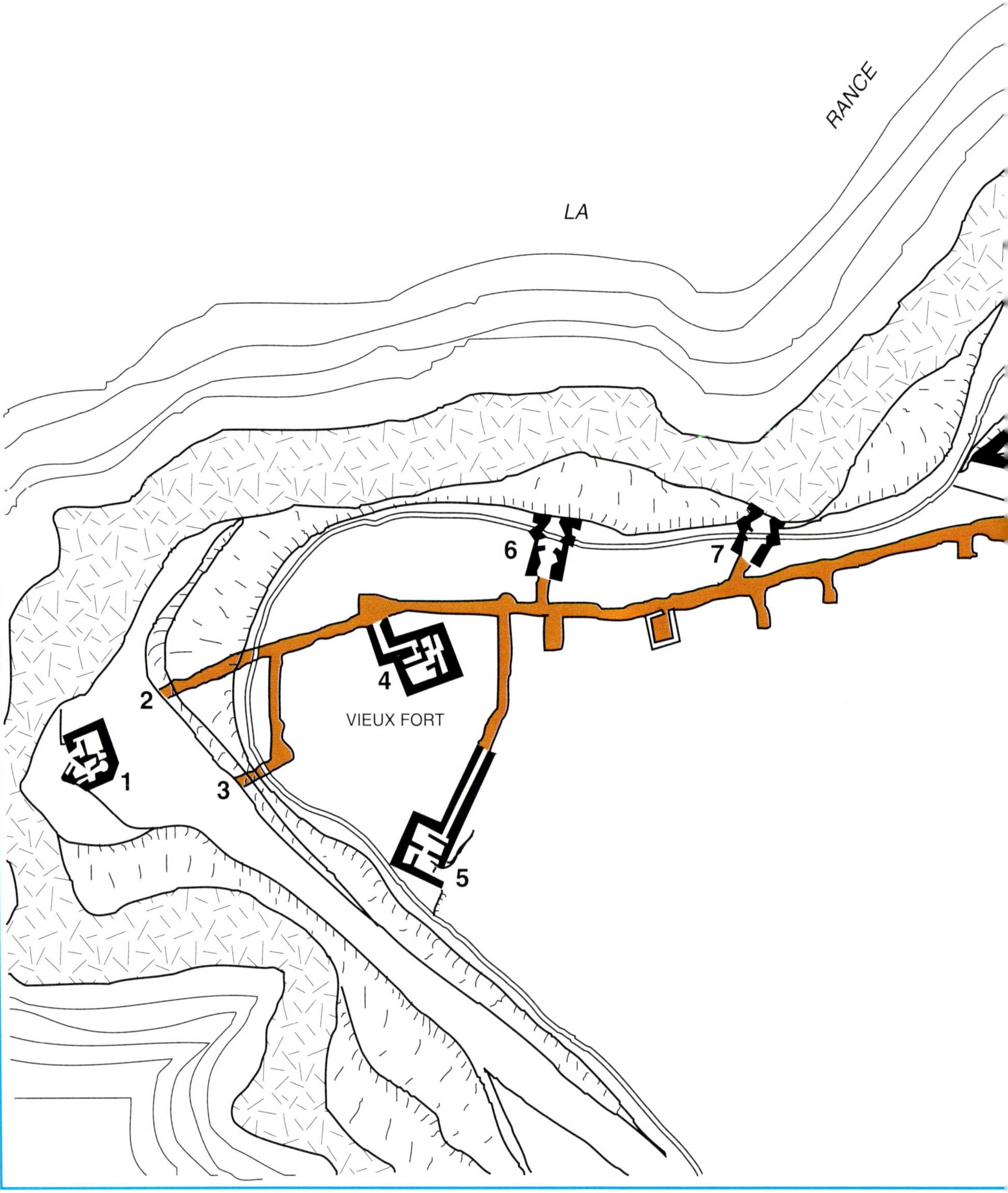

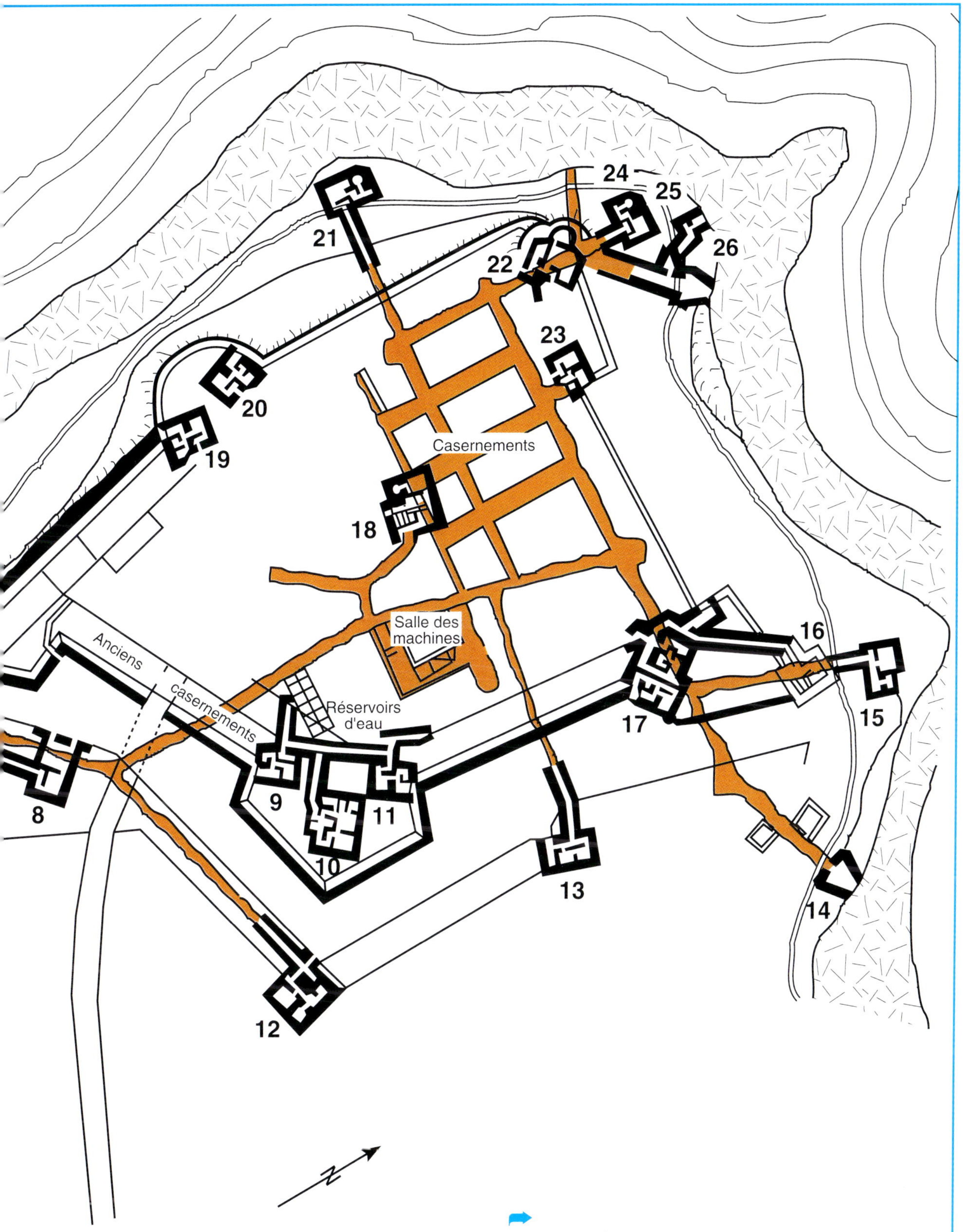

De Saint-Malo, suivre Saint-Servan-sur-Mer et camping de la cité d'Aleth.

1 Bloc autonome destiné à protéger les entrées de l'ouvrage principal. Il est équipé d'une cloche blindée pour deux mitrailleuses M.G. 34. Effectif : 9 hommes. En place actuellement.
2 Entrée du réseau souterrain pour les munitions.
3 Entrée du réseau souterrain pour les hommes.
4 Casemate équipée d'une cloche blindée pour deux mitrailleuses M.G. 34. Effectif : 9 hommes.
5 Casemate pour canon antichar de forteresse (Skoda) de 47 mm avec mitrailleuse de 7,92 mm coaxiale. Effectif 6 hommes. En place actuellement, en très bon état malgré de nombreux impacts d'obus performants.
6 Casemate abritant un canon antichar P.A.K. 40 de 75 mm. La culasse a été sabotée par les servants de la pièce avant la reddition de la position. En place actuellement.
7 Casemate pour canon l.e.F.H. 16 de 105 mm. N'est plus en place actuellement.
8 Abri pour le personnel relié à la galerie principale par un escalier de 56 marches.
9 Bloc pour mitrailleuses M.G. 34 à rotules sous cuirasses blindées.
10 Casemate pour le stockage des munitions et le logement du personnel, destinée aux trois canons antiaériens situés au-dessus. Un canon antiaérien de 40 mm Bofors est toujours en place dans son encuvement actuellement.
11 Casemates pour mitrailleuses M.G. 34 à rotules sous cuirasses. Effectif : 3 hommes.
12 Casemate supportant une cloche blindée équipée de deux mitrailleuses M.G. 34. Effectif : 9 hommes.
13 Abri pour le personnel et garage pour un canon antichar de 37 mm. Ils sont reliés à la galerie principale par un escalier de 67 marches. Effectif : 6 à 12 hommes.
14 Casemate abritant un canon de 105 mm l.e.F.H. 16. En place actuellement.
15 Casemate supportant une cloche blindée équipée de deux mitrailleuses M.G. 34 à rotule. Effectif : 9 hommes.
16 Casemate avec mitrailleuse M.G. 34 à rotule sous cuirasse blindée. Effectif : 3 hommes.
17 Bloc de combat équipé de trois mitrailleuses M.G. 34 sous rotules cuirassées et d'une petite cloche blindée d'observation.
18 Ouvrage pour mortier automatique de 50 mm M 19 sous cloche blindée situé au centre de la cour du fort et relié au réseau souterrain par un puits vertical.
19 Casemate pour mitrailleuse M.G. 34 à rotule sous cuirasse blindée.
20 Casemate pour mitrailleuse M.G. 34 à rotule sous cuirasse blindée.
21 Casemate supportant une cloche blindée à six embrasures équipée de deux mitrailleuses M.G. 34. Effectif : 9 hommes.
22 Poste de direction de tir et de commandement. Effectif : 11 hommes.
23 Casemate pour mitrailleuse M.G. à rotule sous cuirasse blindée avec à son sommet une petite cloche blindée d'observation.
24 Casemate supportant une cloche blindée équipée de deux mitrailleuses M.G. 34 sur rotules. Effectif : 9 hommes.
25 Casemate pour canon de 50 mm.
26 Casemate pour canon l.e.F.H. 16 de 105 mm. La pièce est toujours en place actuellement mais, ayant été touchée de plein fouet par l'artillerie américaine, elle est en mauvais état.

La forteresse de la cité d'Aleth est certainement le vestige du mur de l'Atlantique en Bretagne le plus impressionnant. En effet, depuis 1944, il a conservé pratiquement tout son armement lourd d'origine. On peut y dénombrer 5 canons, 6 cloches blindées à mitrailleuses, 2 cloches blindées d'observation et une cloche blindée pour mortier qui sont toujours en place actuellement. L'ensemble de la position nécessita le percement de 1 200 mètres de galeries souterraines à 15 mètres de profondeur et 30 000 m^3 de béton. La galerie mère est sillonnée par une petite voie ferrée de 0,60 mètre destinée à l'approvisionnement en munitions des différents blocs de combat. La galerie principale dessert également la centrale électrique, les réservoirs de carburant et d'eau, le casernement, l'infirmerie, etc. Une garnison de 500 hommes fut nécessaire pour assurer la défense des 24 blocs de combat.

La bouche à feu à rotule du 47 mm Skoda d'Aleth n'a pu être muselée par l'artillerie américaine malgré les innombrables coups au but.

Après 1939, les Allemands récupèrent en Tchécoslovaquie un stock important d'armes mixtes 47 mm Skoda. Ils en remontèrent ensuite un grand nombre sur le mur de l'Atlantique dans des bunkers spécialement étudiés. La rotule du canon pourrait être masquée par une plaque d'acier coulissante de 10 cm d'épaisseur.

Chambre de tir avec son canon antichar de 47 mmm Skoda dans son état actuel.

CANON ANTICHAR P.A.K. 40.

Calibre . 75 mm.
Poids : 1 425 kg.
Vitesse initial 980 m/s.
Pénétration : 154 mm à 500 m.

Intérieur de la casmate avec son canon P.A.K. 40 de 75 mm culasse sabotée.

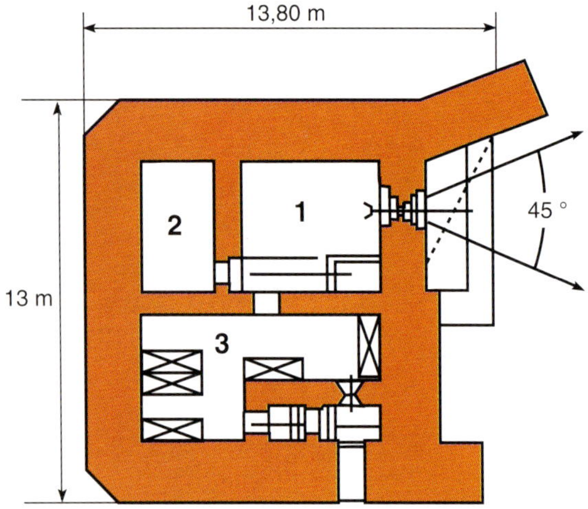

CASEMATE POUR CANON DE FORTERESSE ANTICHAR P.A.K. 36 (TCHÈQUE).

1 Chambre de tir.
2 Soute à munitions.
3 Logement à personnel.

L'ouvrage nécessitait 780 m³ de béton.

Calibre : 47 mm.
Champ de tir latéral : 45°.
Champ de tir vertical : de + 12° à – 15°.
Cadence de tir : 10 à 20 coups/min.

Portée : 5 800 m.
Pénétration : 39,6 mm de blindage à 1000 m.
Une mitrailleuse coaxiale M.G. 37 (tchèque) de 7,92 mm.

Tunnel d'accès de l'abri à personnel à partir de la galerie principale.

50 ans séparent ces deux photos. En haut, le 17 août 1944, des hommes de la 83 D.I. américaine ont fiché leur pavillon dans le tube du canon antiaérien Bofors de 40 mm. En bas, ce même canon actuellement.

Musée de la Résistance bretonne.

Au début des combats d'août 1944, le fort de la cité devint le P.C. du colonel Von Aulock, commandant la place forte de Saint-Malo. Il aura fallu 15 jours de combats acharnés aux hommes de la 83e division d'infanterie U.S. et aux troupes F.F.I. pour venir à bout des défenses de la forteresse. L'artillerie américaine utilisera des canons de 203 et 240 mm, et, certains jours de la bataille, plus de 4 000 obus furent tirés sur la position, en plus des violents bombardements de l'aviation. Malgré ce déluge d'acier, le fort repoussa trois fois l'assaut de l'infanterie U.S. et des F.F.I. La plupart des casemates et des tourelles furent sévèrement touchées par des coups directs de l'artillerie antichar. Enfin, le 17 août 1944, le colonel Von Aulock se rendit avec 400 de ses hommes encore valides.
Le fort de la cité est devenu un terrain de camping municipal. Les souterrains ont été fermés pour des raisons évidentes de sécurité, mais tous les blocs sont visibles de l'extérieur et témoignent, par les coups au but reçus, de la violence des combats.

Galerie souterraine donnant accès à la casemate pour 105 mm l.e.F.H. 16.

OBUSIER
L.E.F.H. MLE
1916.

Calibre : 105 mm.
Poids : 1 490 kg.
Portée maximale : 1100 m.
Vitesse initiale : 505 m/s.
Cadence de tir : 4 à 5 coups/min.
Fabricant : Krupp.

Canon de 105 mm l.e.F.H. 16.

Petite cloche blindée d'observation et réglage d'artillerie.

Vue d'une des six cloches blindées pour deux mitrailleuses M.G. 34.

Galerie bétonnée donnant accès au bloc de combat.

POSITION DE L'ÎLE DE CÉZEMBRE

De Saint-Malo, possibilité de s'y rendre en bateau. Départ à la cale de Dinan.

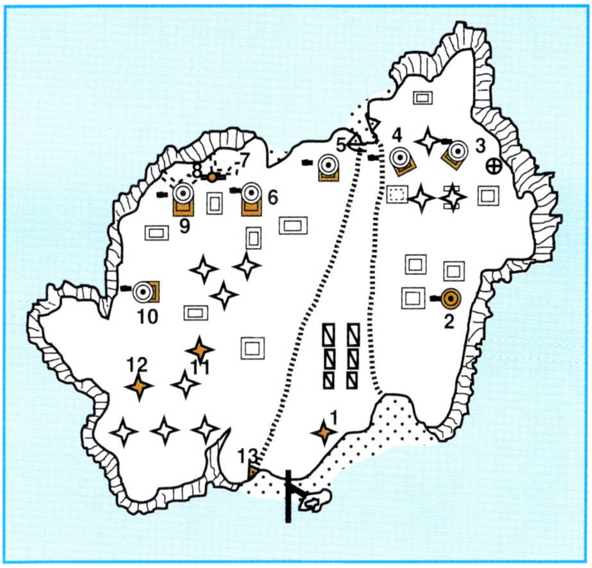

1 Canon antiaérien de 75 mm Mle 32 d'origine française, détruit lors des combats d'août 1944. En place actuellement.
2 Pièce de 194 mm Mle 1870/93 d'origine française, détruite, mais en place dans son encuvement.
3 Pièce de 194 mm Mle 1871/93. Celle-ci est la moins touchée par les bombardements d'août 1944. Son impressionnante tourelle de 33 tonnes pointe toujours son tube vers le large.
4 Cuve pour canon de 194 mm.
5 Encuvement pour canon de 150 mm Mle 17. Après avoir été touché par une bombe ou un obus de fort calibre, le tube a été projeté hors de sa cuve.
6 Pièce de 194 mm sévèrement touchée. En place actuellement.
7 Galerie souterraine avec salles pour infirmerie et hôpital.
8 Poste de direction de tir et de commandement à quatre niveaux. Celui-ci a été sévèrement touché lors des combats.
9 Encuvement pour canon de 194 mm. La pièce a beaucoup souffert.
10 Pièce de 194 mm dressant encore son tube cassé par la mitraille.
11 Canon antiaérien de 75 mm chaviré par une déflagration.
12 Canon antiaérien de 75 mm mis hors de combat.
13 Galerie souterraine servant de dépôt de munitions.

Ce tube de canon de 194 mm pesant plus de 10 tonnes a été soufflé de son affût comme un fétu de paille par une bombe ou un obus de fort calibre.

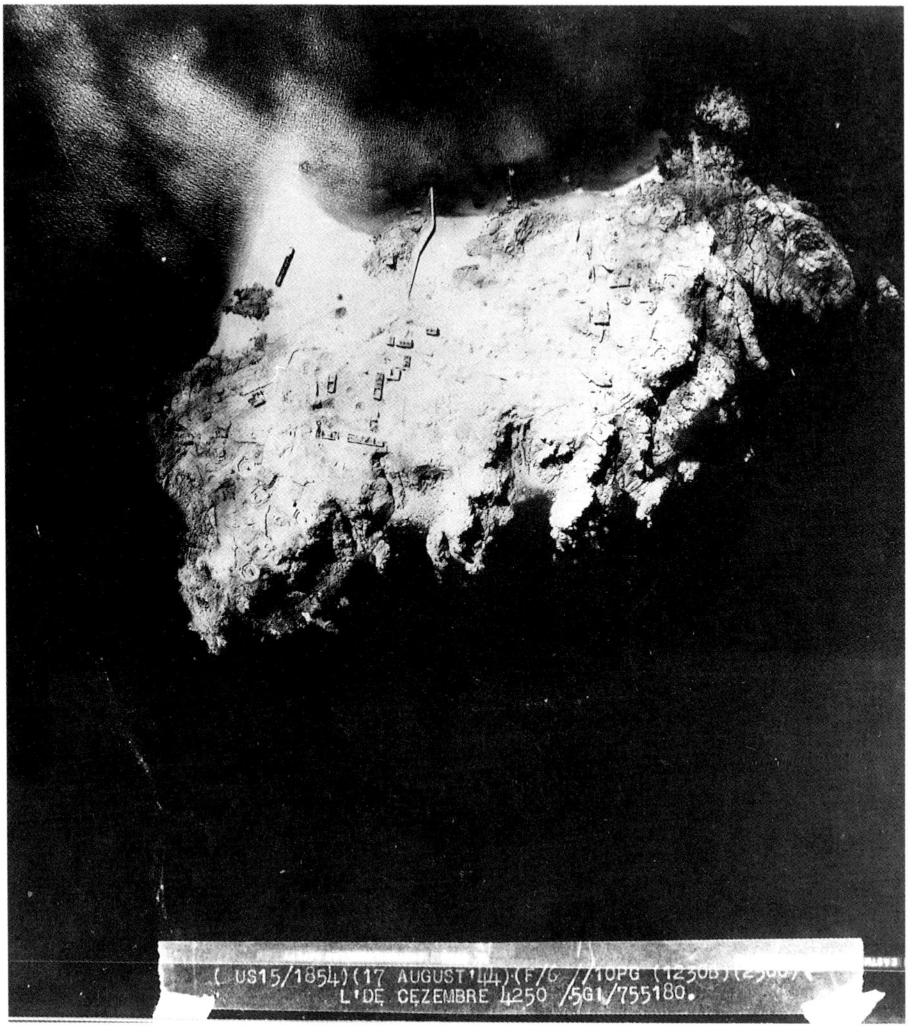

Photo aérienne de l'île de Cézembre prise le 17 août 1944 par l'U.S. Army Air Force.
Musée de la Résistance bretonne.

Cet îlot de granit, situé à 5 km au large de Saint-Malo, avait été choisi en 1942 par la marine allemande pour y implanter une de ses batteries côtières. Cette position était en 1944 le point d'appui le plus important du système défensif de la forteresse de Saint-Malo. Elle était servie par une garnison de 300 hommes du 608e groupe d'artillerie côtière. La batterie était pourvue de 6 canons d'origine française de 194 mm Mle 1870/93 vétérans de la Première Guerre mondiale. Ils avaient été installés par l'organisation Todt dans des encuvements bétonnés avec petit abri attenant. Un canon de 150 mm Mle 1917 tirant des obus éclairants se trouvait au centre de l'île, monté dans un encuvement bétonné. La position était protégée par 6 canons antiaériens de 75 mm Mle 32 d'origine française et 6 canons de 20 mm.
De nos jours, la plupart des pièces d'artillerie sont toujours en place dans leur état de 1944. Ce site vaut le détour, vous y verrez le plus grand cimetière de canons du mur de l'Atlantique.

*Encuvement
avec canon de 194 mm
détruit.*

*Tube du canon
de 150 mm Mle 17.*

TOURELLE POUR CANON
DE 194 mm MLE 1870/93

Longueur totale : 7,50 m.
Poids total : 33 tonnes.
Portée maximale : 16 500 m.
Vitesse initiale de l'obus : 638 m/s.
Cadence de tir : 2 coups en 3 minutes.
Tir sur 360°.

*L'encuvement avec sa tourelle
pour canon de 194 mm.*

Poste de direction de tir.

Lors de la bataille de Saint-Malo, la petite île de Cézembre fut martelée continuellement par l'aviation, l'artillerie lourde américaine et deux cuirassés de la Royal Navy. Il y eut aussi plusieurs bombardements au phosphore et au napalm. Le siège dura du 6 août au 2 septembre 1944 et toutes les pièces d'artillerie furent mises, une à une, hors de combat. Plusieurs fois, l'armée américaine somma l'Oberleutnant Seuss, commandant de la batterie, de capituler. Mais il refusa obstinément. Le 2 septembre 1944, à cours d'eau et de munitions, il fit hisser un drapeau blanc.

Lors de la visite du site, on peut voir des milliers de cratères d'obus, de bombes et les bunkers pulvérisés par la mitraille qui témoignent de la violence des combats.

Canon de D.C.A. de 75/32 meurtri par la mitraille.

POSTE DE DIRECTION DE TIR ET DE COMMANDEMENT TYPE MARINE, POUR BATTERIE MOYENNE ET LOURDE.

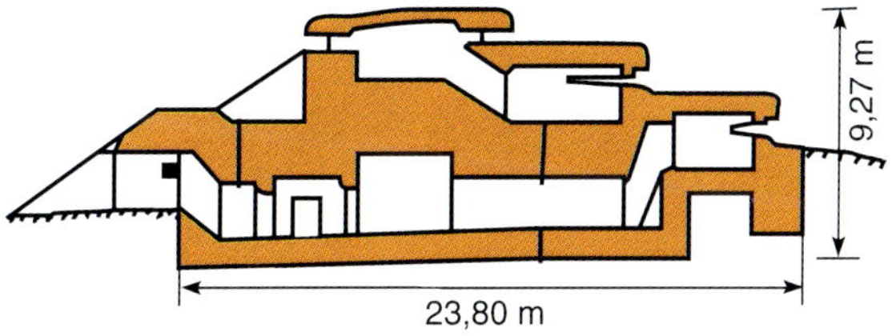

L'ouvrage nécessitait :
Béton : 1 325 m³ *Fer à béton : 50 tonnes.*

Lit à deux étages dans un abri pour le personnel.

Canon contre avions de 75/32 retourné par une déflagration.

CANON CONTRE AVIONS MLE 75/32

Calibre : 75 mm.
Longueur : 4 050 mm.
Poids : 4100 kg.
Vitesse initiale : 700 mm/s.
Portée maximale : 8200 m.

Porte blindée d'une soute à munitions soufflée par une forte déflagration.

STATION RADAR DU CAP FRÉHEL

De Saint-Brieuc, suivre Le Val-André, Erquy, Les Sables-d'Or et cap Fréhel.

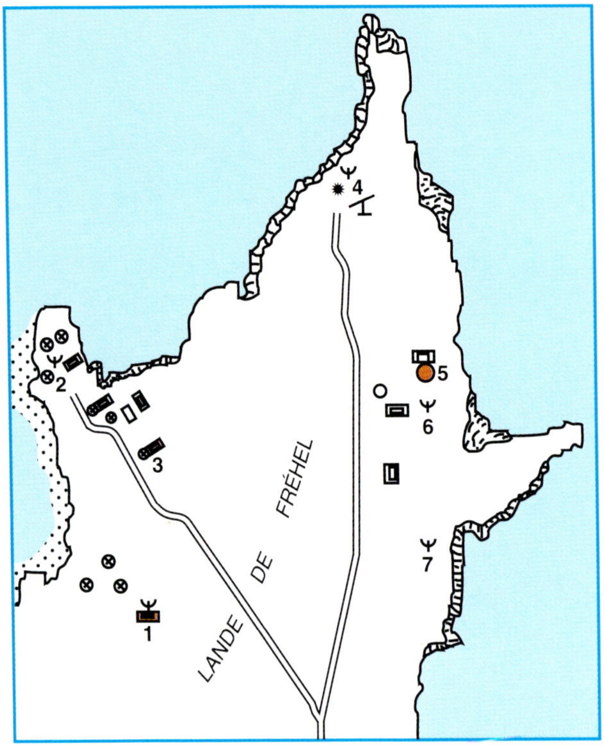

1 Casemate supportant l'antenne fixe du radar Mammut.
2 Assise bétonnée pour radar parabolique Würzburg géant et encuvement pour canon antiaérien quatre tubes de 20 mm.
3 Poste de commandement à deux niveaux.
4 Assise bétonnée pour radar parabolique Würzburg géant.
5 Encuvement pour canon antiaérien de 20 mm.
6 Radar.
7 Radar.

Tout au long de la côte bretonne, la marine et l'aviation allemandes avaient installé un grand nombre de stations radars permettant de déceler toute attaque éventuelle. On trouvait des stations principales équipées de gros appareils de type «Mammut» d'une portée de 200 à 300 km (cap Fréhel, Plougasnou, pointe du Raz, pointe du Chémoulin), ainsi que d'appareils moins performants tels que le Freya (200 km) et le Würzburg géant (60 km). Elles étaient entrecoupées de stations de veille secondaires, dotées d'appareils travaillant entre 60 et 200 km (Freya et Würzburg).

À l'heure actuelle, on peut visiter la casemate qui supportait l'antenne du radar Mammut, à l'architecture très intéressante, le poste de commandement et les divers abris à personnel. Mais, malheureusement, il ne reste aucun vestige technique.

RADAR MAMMUT FUMG 51 GUSTAV

Ce radar, de détection d'avions à grande distance, avait été mis au point par la société Telefunken. L'antenne de 29 mètres de long sur 15 mètres de haut pesait 150 tonnes et était fixée sur un abri bétonné.
Celui-ci protégeait également l'équipement radio, le groupe électrogène, les compensateurs et les opérateurs. Il était capable de détecter une formation d'avions à 300 km de distance. L'antenne étant fixe, le balayage du faisceau directionnel était réalisé par une rotation électronique.

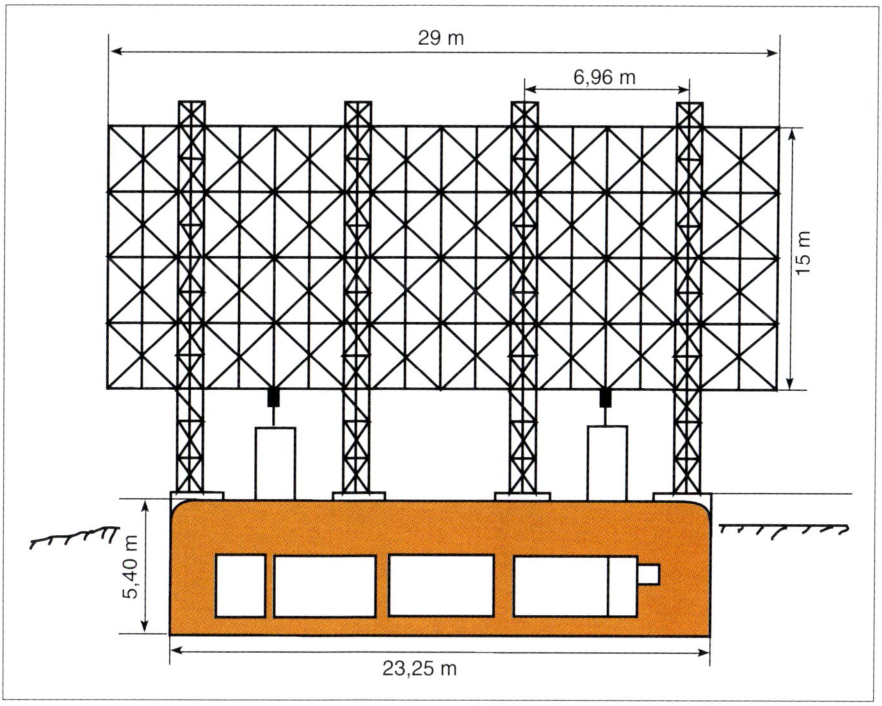

Blocs protégeant les tubes de descente d'antenne du radar Mammut FUMG 51 Gustav.

Le radar Würzburg FUMG 65 géant était conçu pour mesurer la distance, le relèvement et le site d'une formation d'avions. La plate-forme supportait une cabine contenant l'équipement radio et les opérateurs. La parabole, de 7,50 m de diamètre, était réalisée en alliage léger.
Porté : 60 km.
Poids : 12 tonnes.

Würzburg géant du cap Fréhel et d'une pièce antiaérienne de quatre tubes de 20 mm en 1947.
Service historique de la marine.

Assise bétonnée supportant la plate-forme de ce même radar aujourd'hui.

POSITION DE LA POINTE DE SAINTE-BARBE

De Roscoff, suivre car-ferry et pointe de Sainte-Barbe.

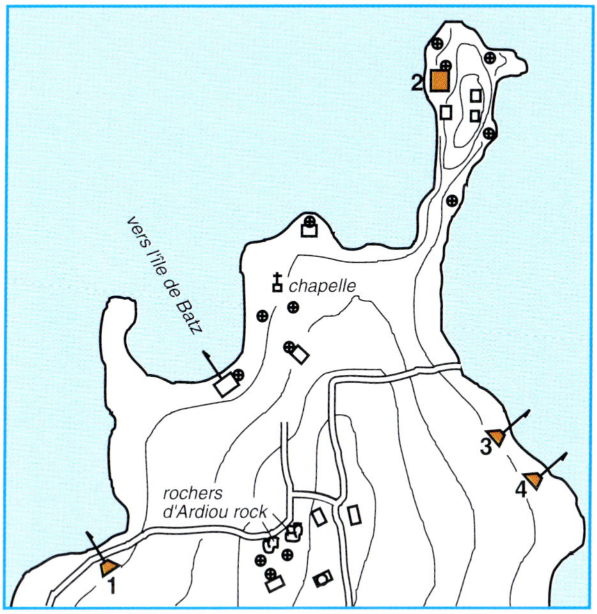

1 Casemate pour canon antichar de forteresse Skoda de 47 mm. Ce canon est toujours en place, culasse sabotée. La grosse plaque de blindage de 10 cm d'épaisseur est partiellement remontée. La face droite du bunker porte encore son curieux camouflage, style plante grimpante.
2 Casemate pour canon de campagne.
3 Casemate pour canon antichar de 50 mm K.W.K. 39. Ce canon est toujours en place, culasse sabotée mais difficilement accessible. En effet, il nous aura fallu une journée de terrassement afin de pénétrer à l'intérieur du bunker, pour pouvoir vous offrir ces clichés.
4 Casemate pour canon antichar de 50 mm K.W.K. 39. Ce canon est toujours en place mais cette fois-ci, c'est le tube qui a été saboté par les servants.

A remarquer la curieuse peinture de camouflage toujours présente.

Embrasure du canon de 47 mm Skoda.

CASEMATE POUR CANON ANTICHAR DE FORTERESSE DE 47 MM P.A.K. 36 (TCHÈQUE).

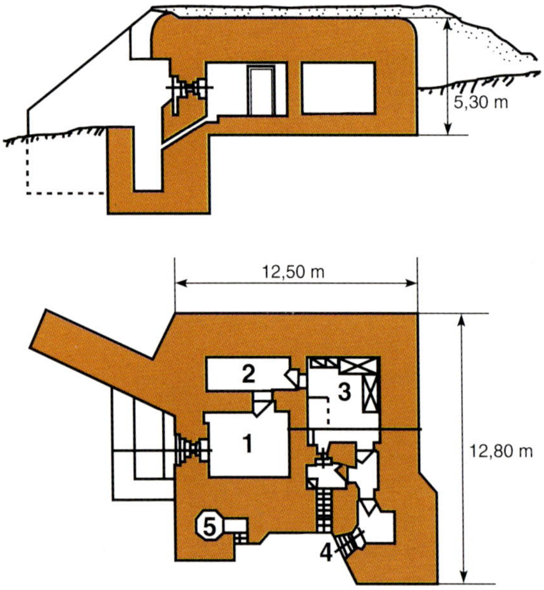

1 Chambre de tir.
2 Soute à munitions.
3 Logement à personnel.
4 Créneau de défense.
5 «Tobrouk» pour mitrailleuse

L'ouvrage nécessitait :
Terrassement : 400 m³.
Béton : 740 m³.
Fer à béton : 37 tonnes.
Effectif : 6 hommes.

Emploi :
flanquement de plage. En plus du béton armé, l'embrasure est protégée par un blindage fixe et un volet coulissant de 10 cm d'épaisseur. Lors du tir, la plaque mobile, commandée depuis l'intérieur, démasque la bouche à feu et s'efface dans un logement situé sous l'embrasure.

Les deux canons de 50 mm K.W.K. 39 de Roscoff, toujours en place dans leur casemate. Ils ont été sabotés par leurs servants avant la reddition, l'arrière d'un des canons avec sa culasse gît encore sur le sol.

De l'Aber-Wrac'h, suivre presqu'île Sainte-Marguerite. L'île est accessible à pied à marée basse. Gare à la marée montante !

POSITION DE L'ÎLE DE CÉZON

CASEMATE POUR MITRAILLEUSE M.G. 08/15 SOUS MASQUE BLINDÉ.

Calibre : 7,92 mm.
Refroidissement : par eau.
Poids : 19,74 kg.
Cadence de tir : 480 à 600 coups/minute.
Hausse : de 400 à 2000 m.

Casemate ayant conservé sa plaque de blindage protégeant une mitrailleuse M.G. 08/15.

Plage de Sainte-Marguerite. Trémie encore armée de son canon de 47 mm Skoda, projeté sur la grève par l'explosion de son bunker.

Intérieur du bunker de l'île de Cézon encore équipé de son canon de forteresse Skoda de 47 mm, culasse sabotée.

Marquage d'instruction concernant le petit poêle réglementaire bois et charbon, dont chaque abri pour le personnel était équipé.

Boîtier de relais de transmission téléphonique.

Possibilité de s'y rendre en bateau, départ de Brest et du Conquet.

DÉFENSE DE L'ÎLE D'OUESSANT

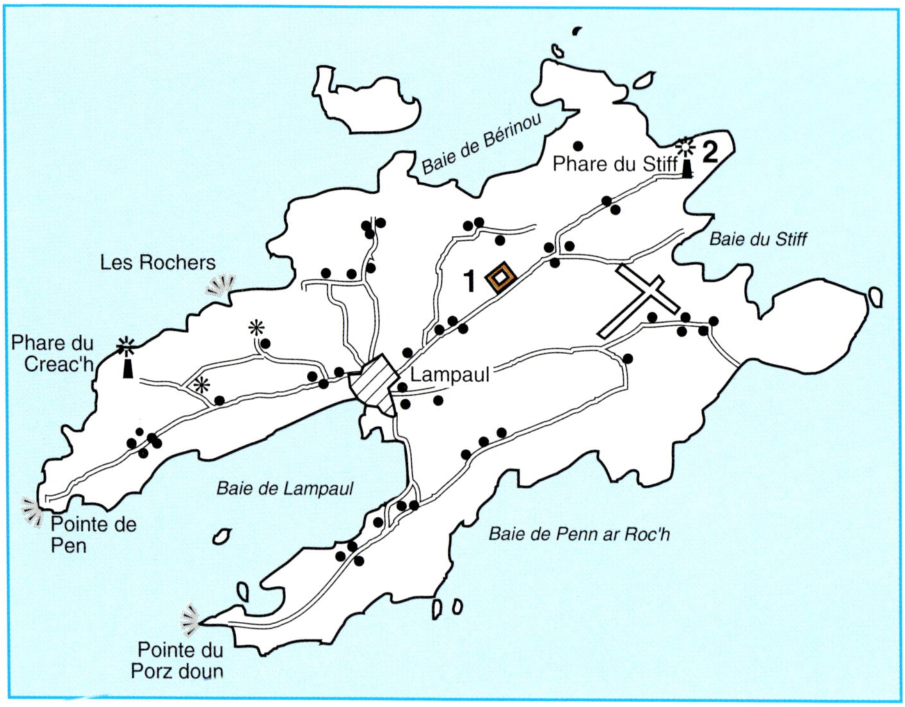

1 Fort Saint-Michel.
2 Station radar.

Une des tourelles éclipses pour deux canons de 75 mm du fort Saint-Michel, pendant l'occupation.
Bundesarchiv.

L'occupation de l'île d'Ouessant était assurée par la Kriegsmarine. Le principal point d'appui se situait dans le fort Saint-Michel, au centre de l'île. Il était armé de deux tourelles éclipses d'origine française, équipées de deux canons de 75 mm chacune, d'un canon antiaérien de 20 mm, de trois lance-flammes et de mitrailleuses.

Près du phare de Stiff, était installée une station radar de la marine équipée d'un radar Würzburg See-Riese et d'un Seetakt mis en œuvre par 38 hommes.

Aujourd'hui, le fort Saint-Michel a toujours ses deux petites tourelles blindées d'observation malgré l'explosion des tourelles éclipses sabotées en 1944. Près du phare du Stiff, dans un cadre remarquable, l'épave du radar Seetakt est toujours en place ainsi qu'un canon antiaérien de 40 mm Bofors.

Les restes du radar Seetakt d'Ouessant. Il pouvait détecter un navire à 100 km. C'est un des rares vestiges de radar encore visible de nos jours.

Au fort Saint-Michel, emplacement d'une tourelle éclipse de 75 mm. Il ne subsiste plus aujourd'hui que la petite tourelle d'observation.

Canon antiaérien de 40 mm Bofors retourné.

POINTE SAINT-MATHIEU

De Brest, suivre Le Conquet et pointe Saint-Mathieu.

De la pointe Saint-Mathieu à Brest, on trouve une succession de batteries d'artillerie côtière, de points d'appui fortifiés, de batteries antiaériennes et de postes d'observation. En effet, le port de Brest avait été élevé au rang de forteresse. Toutes ces fortifications devaient protéger la base navale de première importance pour la marine allemande ainsi que la base sous-marine des « Quatre Pompes », qui abritera des submersibles jusqu'en septembre 1944.

Groupe de soldats allemands entourant un des canons de côte de 95 mm Mle 1883 d'origine française.
Musée de la Résistance bretonne.

Ce même canon tel qu'il est aujourd'hui.

BATTERIE DE KÉRINGAR

De Brest, suivre Le Conquet, pointe Saint-Mathieu, Lochrist et Kéringar.

1.2.3. Encuvement pour canon de 280 mm SKL/40.
4 Casemate pour canon de 280 mm SKL/40, de taille impressionnante.
5.6. Soutes principales à munitions.
7 Casemate pour hôpital.
8 Casemate cuisine.
9 Abri pour la troupe avec lavabos.
10 Emplacement pour cinq canons antiaériens de 75 mm.
11 Encuvement sur abri pour quatre canons antiaériens de 40 mm Bofors.
12 Abri «tôle-métro».
13 Soute à munitions qui était camouflée en maison comme en témoignent les pignons maçonnés au-dessus.

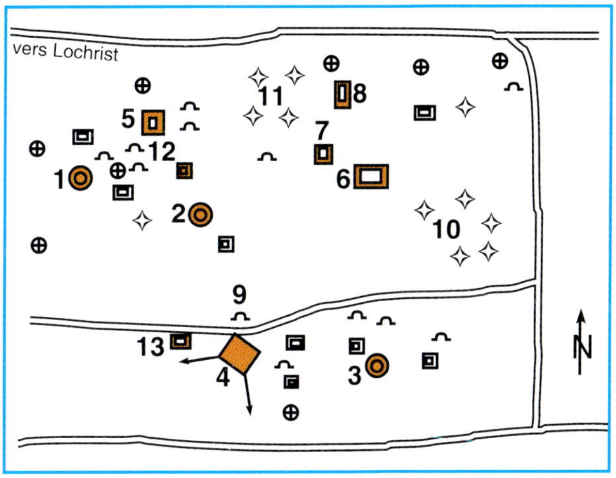

Sur la dalle de la grosse casemate d'artillerie pour 280 mm, on peut voir ce curieux petit poste d'observation.

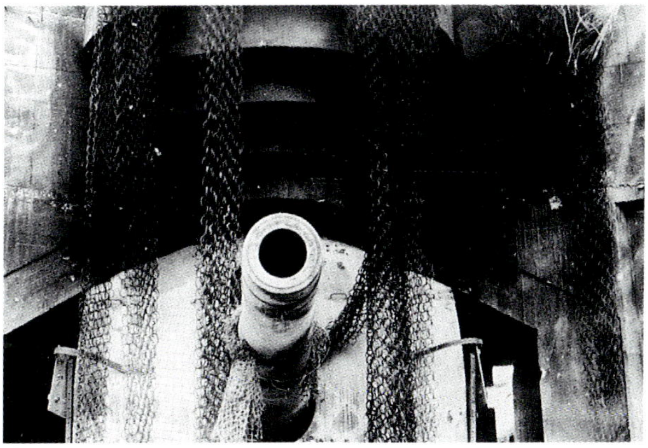

La pièce de 280 mm sous casemate encore équipée de ses filets métalliques pare-éclats.
U.S. Army. Arch. mun. de Brest.

Cette même casemate telle qu'elle est actuellement.

Intérieur d'un abri type «tôle-métro».

Soute à munitions camouflée en maison.

Cette batterie lourde de la marine côtière devait, en croisant ses feux avec la position de Camaret (4 x 220 mm), interdire l'accès de la rade de Brest. Cette position, nommée «Graf Spee» par les allemands, était équipée de quatre pièces de 280 mm Krupp SKL/40. En juillet 1944, une seule pièce avait été installée dans une immense casemate bétonnée, les trois autres étaient en encuvement. Ces canons pouvaient, à la cadence de deux coups/minute, expédier des projectiles de 283 kg à 27 800 m. La garnison forte de 250 hommes appartenait à la 7e batterie du 262e groupe d'artillerie de marine.

Lors de la visite du site, ne manquez pas l'impressionnant poste de direction de tir à 6 niveaux d'un modèle pour batterie lourde de la marine. La visite intérieure est impossible car il est situé en terrain militaire.

Au-dessus d'une casemate enterrée, orifice blindé pour périscope.

Lors des combats pour la prise de Brest, la batterie «Graf Spee» était un des objectifs prioritaires des forces armées américaines. De ce fait, elle subit de nombreux bombardements effectués par l'U.S. Air Force ainsi qu'un pilonnage par l'artillerie lourde américaine qui tirera plus de 1 100 coups de 155 mm, 203 mm et 240 mm. À cela, il faut ajouter les tirs de 380 mm du cuirassé anglais *Warspite*. Finalement, le 9 septembre 1944 après ce déluge de feux, les hommes de «Graf Spee» se rendirent aux Forces armées américaines et F.F.I.

Millésime de la construction sur la façade d'un abri «tôle-métro».

Un des canons de 280 mm Krupp SKL/40 en encuvement. Photo prise par l'armée américaine en septembre 1944.
U.S. Army. Arch. mun. de Brest.

BATTERIE DES ROSPECTS

De Brest, suivre
Le Conquet,
pointe Saint-Mathieu
et les Rospects.

La batterie se composait de quatre pièces de 150 mm. Casemate pour canon de 150 mm Krupp.

Dans la chambre de tir, le camouflage deux teintes ainsi que des graduations sont toujours visibles.

Tunnel d'accès à la chambre de tir.

POINTE DU MINOU

Dans le fort du Minou se trouvait le Centre administratif du 262e groupe d'artillerie côtière de la marine, ainsi qu'un important centre de transmissions. Au-dessus du fort, deux casemates pour canons de 105 mm. Remarquez le camouflage réalisé sur le béton. Il suffisait de clouer sur le coffrage du papier de sacs de ciment roulé.

Des slogans, fresques et marquages sont encore visibles dans certaines casemates du mur de l'Atlantique. Thèmes développés : la propagande, les paysages régionaux allemands, la caricature des Anglais, etc. L'encadrement encourageait ces actions qui permettaient de rompre l'ennui tout en remontant le moral des troupes.

Dans un abri à personnel, on peut voir cette fresque réalisée à la peinture représentant l'emblème nazi. Sous celui-ci, on peut lire : «Nous combattons pour l'avenir de la grande Allemagne.»

De Brest, suivre Le Conquet, Sainte-Anne du Portzic et phare du Portzic.

BATTERIE DU PORTZIC

Cette impressionnante batterie qui comptait dix bouches à feu sous casemates était le dernier verrou avant la base sous-marine des «Quatre Pompes». Elle était servie par des hommes du 262e groupe d'artillerie de marine. Aujourd'hui, nous pouvons visiter les quatre casemates pour 105 mm et les trois casemates pour 88 mm. Le reste de la position situé en terrain militaire n'est pas visible.

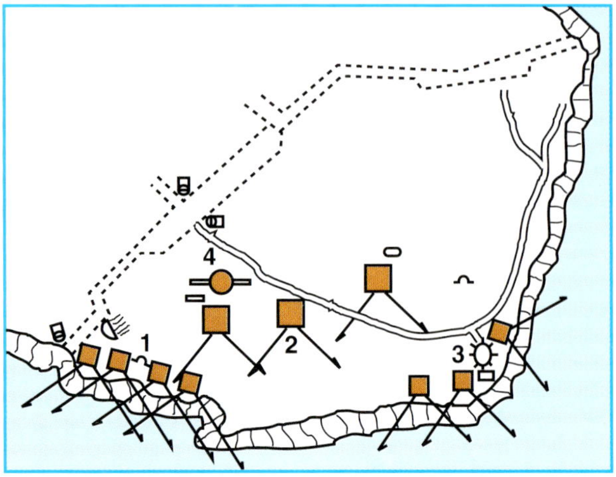

1 Quatre casemates pour canon de 105 mm. Entre la 2e et la 3e casemate à flanc de coteau, se trouve un souterrain qui servait de dépôt de munitions. Il y a quelque temps, l'entrée fut remise à jour lors de l'aménagement d'un sentier côtier. Le service de déminage y retira plusieurs tonnes de munitions, stockées en caisses d'origine, oubliées depuis 1944.
2 Trois casemates pour pièce de 150 mm.
3 Trois casemates pour canon de 88 mm.
4 Poste de direction de tir.

Une casemate pour canon de 105 mm.

POINT D'APPUI DU PORTZIC

Situé au nord de la batterie, ce point d'appui faisait partie du système de défense terrestre de la forteresse de Brest. Composé de fossés antichars, de réseaux de fil de fer barbelé, de champs de mines, de barrières Maginot, le tout épaulé de casemates pour canons antichars et de mitrailleuses. On y trouvait aussi deux casemates avec cloche blindée pour mortier automatique M 19, cette arme terrible était capable d'expédier 120 projectiles de 50 mm à la minute sur 360°. De nos jours, la position se trouve noyée dans une zone industrielle et les casemates difficilement accessibles.

Au-dessus de la trémie de tir d'un canon antichar de 47 mm Skoda cette maxime : «La fidélité est l'essence de l'honneur.»

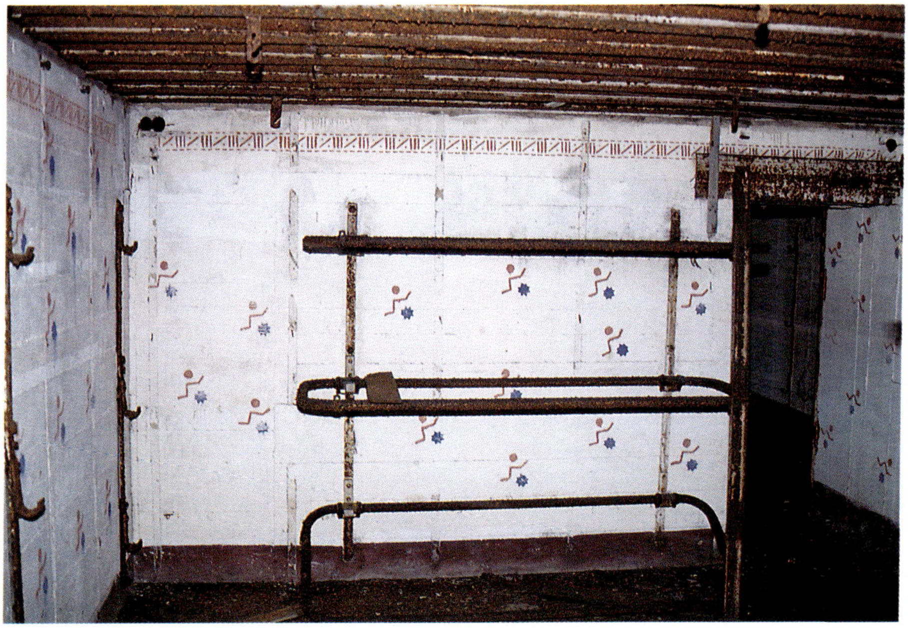

Dans un abri à personnel, des couchettes sont toujours en place. Remarquez la décoration des murs style tapisserie.

Dans un bunker pour mitrailleuse, cette fresque représentant l'insigne d'assaut d'infanterie.

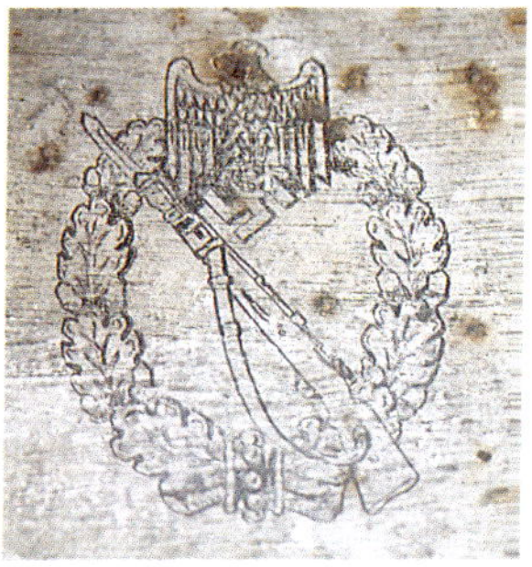

Dans un abri à personnel, on peut lire ce texte à la gloire de l'infanterie : «Simple et Brave – Matin et Soir – Intrépide dans les assauts – Modeste infanterie, que Dieu te protège !»

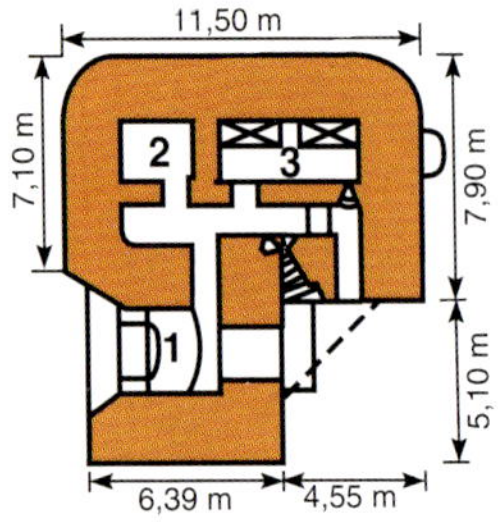

CASEMATE POUR CANON ANTICHAR DE 37 mm SOUS MASQUE BLINDÉ. (À L'OUEST DE LA POSITION).

L'ouvrage nécessitait :
Béton 550 m³.
Fer à béton : 32 tonnes.
Effectif : 6 hommes.

1 Chambre de tir.
2 Soute à munitions.
3 Logement à personnel.

Enorme plaque de blindage qui protégeait le petit canon antichar de 37 mm. Remarquez la plaque d'acier coulissante qui démasquait la bouche du canon.

Plaque de blindage, support d'affût et obturateur pour mitrailleuse M.G. 34.

Affût à rotule avec sa mitrailleuse M.G. 34 et sa lunette de tir, du même type qui équipait cette casemate.
Col. musée de Roscoff.

CASEMATE POUR MITRAILLEUSE M.G. 34 DE 7,92 mm À ROTULE SOUS CUIRASSE BLINDÉE. (À L'OUEST DE LA POSITION.)

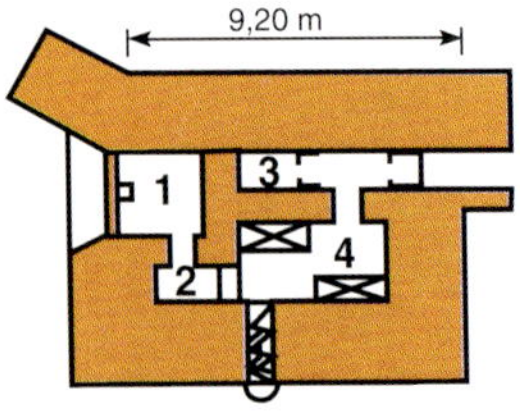

L'ouvrage nécessitait :
Béton : 380 m³.
Effectif : 4 hommes.

1 Chambre de tir.
2 Soute à munitions.
3 Local du périscope.
4 Logement à personnel.

BATTERIE DE KERDALAEZ

Dans les années 80, la coupole blindée pour télémètre sur son poste de direction de tir à Kerdalaez, avant son démontage.
Musée de la Résistance bretonne.

C'était une position de défense antiaérienne lourde de la Kriegsmarine, équipée de quatre pièces de 105 mm S.K.C. 32 sous coupole blindée. Son feu était commandé depuis un poste de direction de tir avec télémètre également sous coupole blindée. La batterie avait la possibilité de tirer sur objectif marin.

Après la guerre, contrairement aux autres batteries qui furent pour la plupart ferraillées, la position de Kerdalaez resta un moment en service dans la marine de Brest, puis abandonnée. Dans les années 80, les quatre canons furent cédés par la marine à un musée allemand et le télémètre sous coupole blindée au musée de la Résistance bretonne de Saint-Marcel.

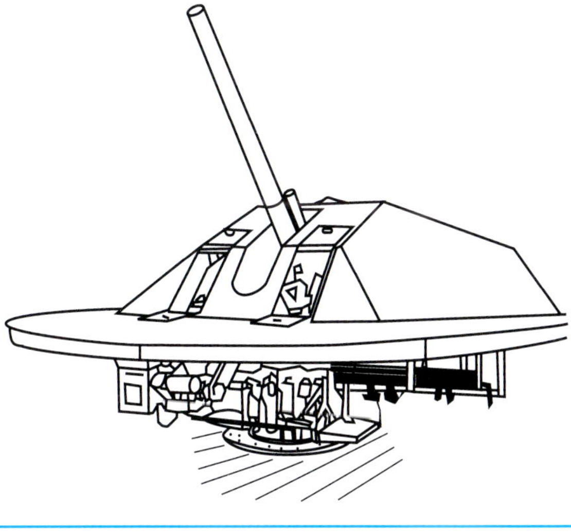

CANON ANTIAÉRIEN
DE 105 mm SKC 32
SOUS MASQUE TOURELLE.

Calibre : 105 mm.
Portée maximale : 15 350m.
Cadence de tir : 1 coup toutes les 5 sec.
Vitesse initiale : 785 m/s.
Servants : 11 hommes.

Les tourelles sont reliées au poste de direction de tir par un système de transmission instantané des paramètres de tir (Siemens).

Il faudra quinze jours de travail à l'équipe du musée pour démonter ce télémètre de 7 m de long, protégé par un blindage d'acier de 30 mm d'épaisseur, le tout pesant 14 tonnes.
Musée de la Résistance bretonne.

Après restauration, peintures et remontage, il trône désormais sur un blockhaus reconstitué d'après des plans d'époque dans le parc du musée.

Dessus de la tourelle blindée pour télémètre avec calculateur de tir, de type marine. C'est le seul exemplaire connu en Bretagne.
Musée de la Résistance bretonne.

Intérieur de la tourelle. Poste du servant du télémètre.

Calculateur de tir.
Musée de la Résistance bretonne.

De Camaret-sur-Mer, suivre pointe de Toulinguet puis pointe du Grand-Gouin.

BATTERIE DU GRAND-GOUIN

CANON SCHNEIDER DE 220 mm MLE 1917

Calibre : 220 mm.
Longueur : 7,672 m.
Poids : 25 880 kg.
Vitesse initiale : 766 m/s.
Portée : 22 800 m;
Cadence de tir : 1 coup/minute

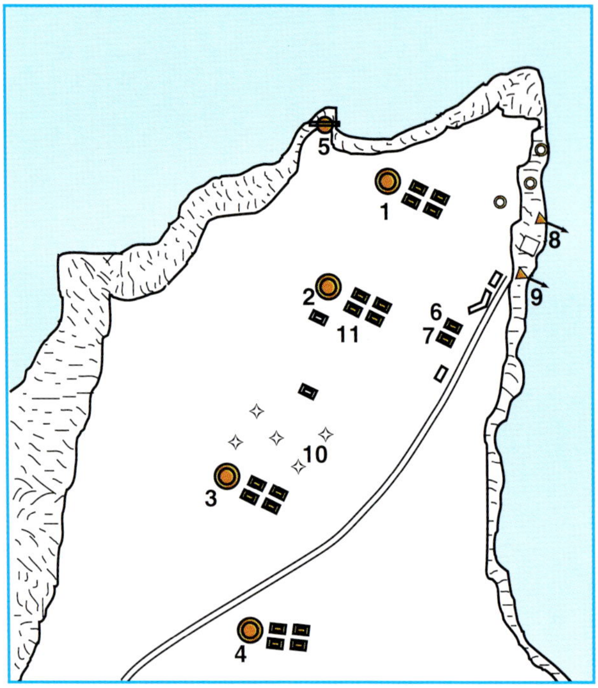

1 à 4 Encuvements pour pièce de 220 mm Mle 1917 Schneider d'origine française.
5 Poste de direction de tir.
6 Abri à personnel.
7 Abri-hôpital.
8.9. Casemates pour canon de 75 mm.
10 Encuvement pour canon antiaérien de 75 mm Schneider.
11 À chaque encuvement pour canon de 220 mm, deux abris à personnel et deux soutes à munitions.

Une des quatre pièces de 220 mm Schneider de la pointe du Grand-Gouin.
Bundesarchiv.

Un encuvement en 1946. Remarquez la pièce anéantie par les bombardements de septembre 1944.
Service historique de la marine, Vincennes.

À proximité du petit port de Camaret-sur-Mer, dans un site magnifique, l'organisation Todt installa en encuvements bétonnés quatre pièces de 220 mm Schneider Mle 1917 d'origine française. Cette batterie lourde, servie par le 1 274e groupe d'artillerie côtière de l'armée de terre, formait avec la batterie «Graf Spee», près de la pointe Saint-Mathieu (4 pièces de 280 mm), l'ossature de la défense lointaine de Brest vers le large. Les encuvements circulaires permettaient le tir sur 360°, en revanche les pièces étaient très vulnérables à tout bombardement aérien ou naval. L'ensemble de la position regroupait une trentaine d'ouvrages qui nécessita plus de 12 000 m^3 de béton.

Encuvement pour pièce de 220 mm aujourd'hui.

Accès à une soute
à munitions depuis
l'encuvement.

OUVRAGE POUR CANON DE 220 mm DU GRAND-GOUIN.

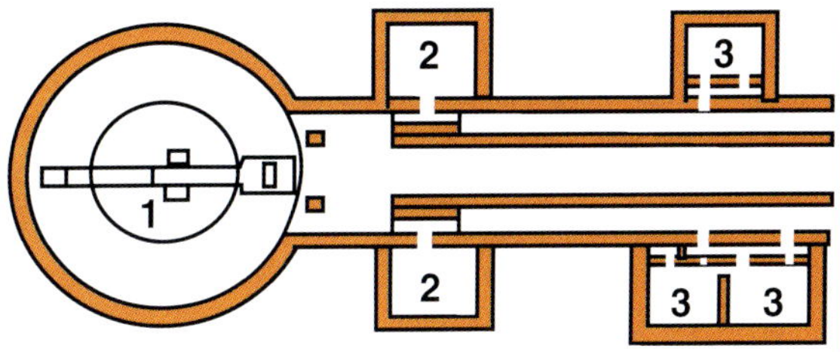

1 Encuvement pour canon de 220 mm.
2 Soutes à munitions.
3 Abris à personnel.

Lors de la bataille de Brest, la batterie fut prise à partie par l'artillerie lourde et l'aviation américaines. En visitant le site, on peut encore voir des centaines de cratères de toutes dimensions. Au début des combats, la batterie ouvrit le feu sur les troupes américaines et fut réduite au silence sous un déluge de feu. La visite de la position mérite le détour. En suivant le sentier pédestre, on découvre les vestiges des encuvements, du poste de direction de tir, du poste d'infirmerie, etc.

Dans le poste de direction
de tir, fresque
en trompe-l'œil représentant
un paysage de Bavière
à travers une fenêtre.

Gros plan de la magnifique fresque en trompe-l'œil, réalisée par un soldat allemand. Celle-ci représente sans doute son pays natal.

Une autre très belle fresque artistique dans la même casemate.

Dans la composition de ces fresques, nous lisons : «Plus être que paraître. Faire plus, ne pas se mettre en avant.»

Marquage technique dans une soute à munitions.

POSITION DE TREZMALAOUEN

De Douarnenez, suivre Locronan puis plage du Ris.

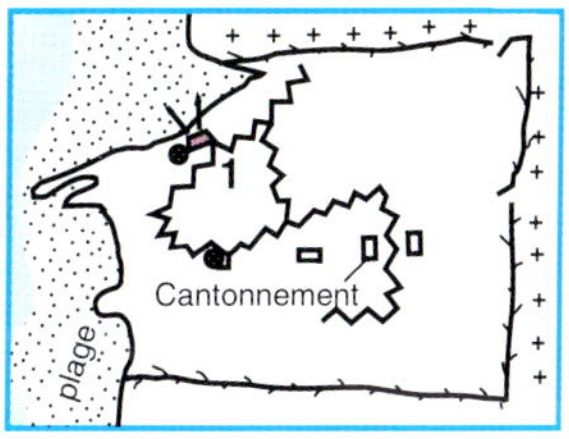

1 *Petite casemate ayant conservé son canon antichar Skoda de 47 mm. Remarquez la culasse sabotée par les servants avant leur reddition.*

Intérieur de la chambre de tir avec sa pièce de 47 mm antichar.

Bouche à feu sur rotule blindée.

Réseaux de tranchées couvertes allant de l'abri à personnel aux différents postes de combat.

POINTS D'APPUI D'AUDIERNE

Lézongar-Lézarouan. Situés de part et d'autre de la rivière du Goyen, ces deux points d'appui défendaient le petit port d'Audierne. L'ensemble se composait d'une trentaine de bunkers abritant pour l'essentiel une pièce russe de 122 mm, quatre canons tchèques de 47 mm Skoda et une tourelle de char français Somua.

À l'entrée d'une casemate, cette fresque a certainement un rapport avec l'inspection qu'effectua le maréchal Rommel le 19 février 1944 en ces lieux.

Poste pour signaleur lumineux et d'observation à Lézarouan.

A Lézongar, dernière région libérée du Finistère, cette plaque commémorative nous rappelle qu'après un baroud d'honneur le point d'appui ne tombera que le 20 septembre 1944.

Ici aucun vestige de canon, ce sont les fresques qui caractérisent cette position. L'étude des dessins et des textes en disent long sur l'état d'esprit des soldats qui occupaient telle ou telle position. En effet, on peut découvrir soit une citation de *Mein Kampf*, soit un paysage (mal du pays), des vers de poètes connus, des dessins humoristiques.

Dans un bunker pour personnel, on peut lire ces textes guerriers : «Le pionnier est celui qui est tout égratigné par les barbelés, couvert de saleté, de glaise et de boue ; tirant ces charges prêtes, il ch... sur la défense ennemie» À droite : «Celui qui réduit les chars en pièces, fait sauter les bunkers, détecte les mines, jure comme un charretier, c'est le soldat du front.»

À l'entrée d'un abri à personnel on lit : «Ne pas se fâcher, s'étonner.»

Dans une casemate pour personnel : «La patrie, tes étoiles ?»

Au-dessus de la porte, nous lisons : «Être allemand signifie avoir du caractère.» Sous l'emblème nazi, deux reproductions d'insignes décernés à la troupe pour bravoure. À gauche, l'insigne d'assaut général et, à droite d'assaut de l'infanterie. En bas : «Si je doute maintenant, je regarde ton image. Ton regard me dit alors ce qui nous attend.» L'image a disparu du cadre : était-ce Hitler, Rommel ?

De Concarneau, suivre Pont-Aven et pointe du Cabellou.

POINT D'APPUI DE LA POINTE DU CABELLOU

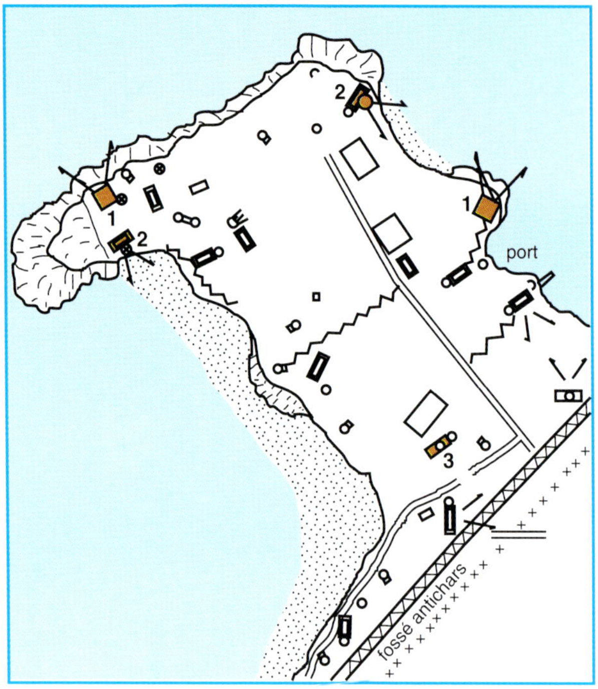

1 Casemates pour canon de 105 mm.
2 Casemates pour une mitrailleuse M.G. 34 de 7,92 mm sous masque blindé.
3 Casemate supportant une cloche blindée pour deux mitrailleuses M.G. 34 de 7,92 mm sur rotules.

Tourelle blindée pour deux mitrailleuses du Cabellou. Remarquez la curieuse collerette de béton coulée au-dessus de la tourelle afin de recevoir du gazon, camouflage obligé !

Intérieur de la tourelle. À remarquer la fermeture des hublots, les inscriptions des distances et les repères pour le tir.

Le point d'appui du Cabellou interdisait l'accès du port de Concarneau en croisant ses feux avec la position de Beg-Meil. Lors des combats d'août 1944, la position fut assiégée par des éléments F.F.I. jusqu'au 25 août 1944, date à laquelle la garnison parvint à décrocher de nuit et gagner la poche de Lorient par voie de mer.

Aujourd'hui, la position est complètement noyée dans les habitations ; seules sont accessibles les casemates situées en front de mer. La tourelle présentée ici est située en terrain privé.

Support de la mitrailleuse M.G. 34 avec sa rotule blindée.

Plaque de blindage de la casemate abritant une mitrailleuse M.G. 34.

De Quimperlé, suivre Moëlan-sur-Mer, Doëlan puis port de Merrien.

POSITION DE KERSECOL

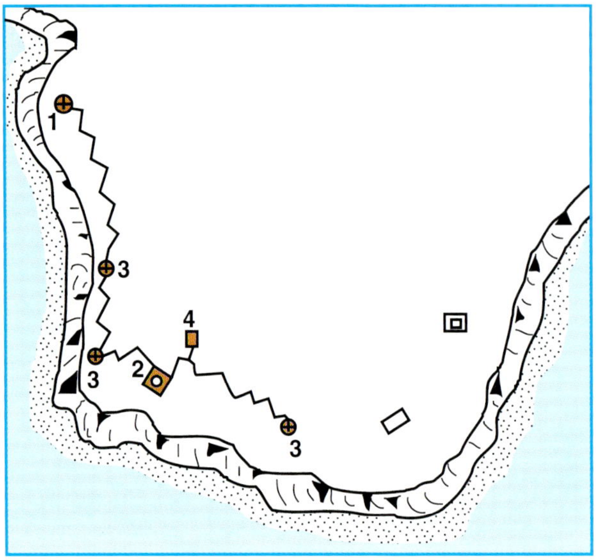

1 «Tobrouk» pour tourelle de char Renault R 35 armée d'un canon de 37 mm et d'une mitrailleuse de 7,5 mm. En place actuellement.
2 Casemate pour canon antichar de 50 mm K.W.K. 39 et abri à personnel.
3 «Tobrouks» pour mitrailleuses.
4 Petit poste de guet.

Après l'armistice de 1940, l'armée allemande récupéra un parc important de chars français. En 1942, elle démonta un grand nombre de tourelles afin de les utiliser dans le cadre du mur de l'Atlantique sur de petites positions bétonnées appelées «tobrouks». Une tourelle de char Renault R 35 fut montée à l'entrée du petit port de Merrien, sur la commune de Moëlan-sur-Mer, et fut laissée en bon état par l'armée allemande, en août 1944, lors de la constitution de la poche de Lorient.

En mars 1993, le jour de sa remise en place, la tourelle de char R 35. Remarquez le blindage cassé comme du verre par un obus performant.

En 1945, prise comme cible par l'armée américaine lors d'un exercice, elle bascula dans la tranchée d'accès au «tobrouk» et tomba dans l'oubli durant 49 ans.

Emplacement de la tourelle.

Découverte de la tourelle renversée dans la tranchée d'accès au «tobrouk».

Début de l'extraction de la tourelle à l'aide d'un tire-fort de 10 tonnes.

Recouverte de pierres et de broussailles, elle fut découverte par M. Van Meeven, amateur de vestiges du mur de l'Atlantique. Après un contact avec M. le Maire de Moëlan, soucieux de la préservation du patrimoine historique de sa commune, celui-ci donna son accord pour la remettre en valeur.

Après des heures d'effort, la tourelle est enfin sortie de la tranchée où elle gisait depuis 49 ans.

Préparatifs de la dernière phase de l'opération, pose des accessoires et ripage de l'ensemble sur son chemin de roulement circulaire. Remarquez les nombreux impacts d'obus performants.

Une journée de travail et un tire-fort de 10 tonnes furent nécessaires à l'équipe du musée de la Résistance bretonne de Saint-Marcel et à M. Van Meeven pour l'extraction et la pose de la tourelle sur son emplacement d'origine.

COUPE D'UN «TOBROUK» POUR TOURELLE DE CHAR RENAULT R 35.

Tir sur 360°.
Blindage : 34 mm maximum.
Armement : 1 canon de 37 mm Mle S.A. 18. et une mitrailleuse Mle 1931 cal. 7,5 mm.
Mission : défense contre l'infanterie et poste de guet.

De nouveau, elle peut monter la garde à l'entrée du petit port de Merrien, pacifiquement cette fois, pour le plaisir des amateurs. En effet, celle-ci est le seul exemplaire connu en Bretagne.

FORTERESSE DE LORIENT

Nous abordons maintenant les défenses de la forteresse de Lorient. Il serait fastidieux de les citer toutes tant elles sont nombreuses. Le port de Lorient était de première importance stratégique pour la marine allemande car il abritait la plus grande base sous-marine de l'Atlantique ainsi que le P.C. de l'amiral Dönitz, commandant en chef de la flotte sous-marine.

Photo d'époque d'une des nombreuses batteries antiaériennes de 105 mm S.K.C. 32 qui ceinturaient la forteresse de Lorient.
Bibliothèque du port de Lorient.

Canon de 105 mm du même type, provenant de la région lorientaise dans un terrain militaire.

À Moustoir-Flamm, dans un encuvement pour canon antiaérien de 105 mm S.K.C. 32, on peut voir ce cartouche indiquant les caractéristiques des munitions utilisées par ce canon.

BATTERIE DU FORT DU TALUD

De Lorient, suivre Larmor-Plage puis camping du Fort-du-Talud.

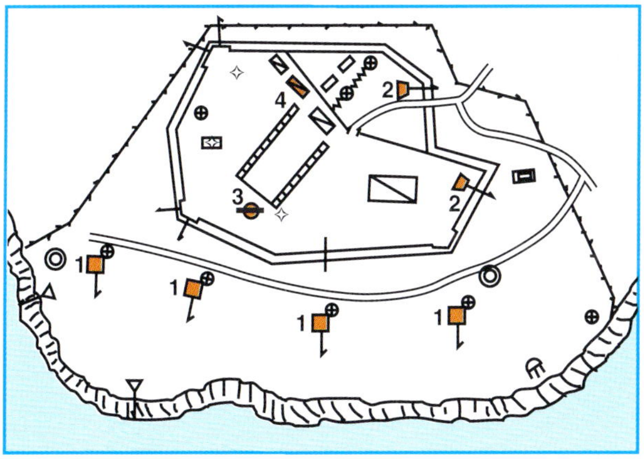

1 Casemates d'artillerie type marine pour canons de 170 mm.
2 Casemates pour canons de 75 mm d'origine française.
3 Poste de direction de tir d'un modèle unique sur le mur de l'Atlantique, ayant conservé sa tourelle blindée pour télémètre de 5 mètres de long.
4 Petit abri, à l'intérieur duquel on peut admirer une fresque représentant un voilier sur un lac.

Cette batterie côtière moyenne de la marine défendait l'entrée ouest du port de Lorient. Elle était pourvue de 4 pièces de 170 mm SKL 40 en provenance du vieux croiseur *Brauschweig*. Installés dans un fort français du 19e siècle, 150 hommes du 264e groupe d'artillerie de marine assuraient le fonctionnement de cette position.

L'énorme tourelle blindée pour télémètre du fort du Talud.

La tourelle pour télémètre avec ses deux cloches blindées périscopiques.

CASEMATE TYPE MARINE POUR CANON DE 170 mm.

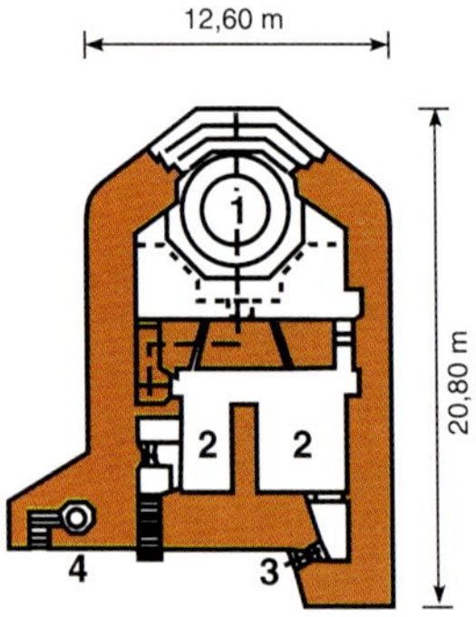

Calibre : 170 mm.
Modèle : SKL/40.
Portée : 27 000 m.
Vitesse initiale : 875 m/s.
Fabriquant : Krupp.
Equipe de pièce : 12 hommes.

1 Chambre de tir.
2 Soutes à munitions.
3 Créneau de défense.
4 «Tobrouk» pour mitrailleuse.

Sous le fort, un souterrain servait de soute à munitions, un treuil à main permettait la descente des obus et un monte-charge la distribution. Aujourd'hui, le fort est devenu un camping aux armées et les casemates d'artillerie sont comblées. On peut tout de même admirer la cuirasse blindée pour télémètre du poste de direction de tir avec ses deux petites cloches périscopiques et, dans un petit abri, une fresque représentant un voilier sur un lac.

À l'intérieur du souterrain, un wagonnet servant au transport des munitions et le treuil à main qui assurait la descente des obus depuis la surface.

Dans un abri, on trouve cette fresque représentant, sans doute, le pays natal d'un des artilleurs.

Intérieure d'une des cloches ; remarquez la fixation du périscope.

De Lorient, suivre Larmor-Plage puis Kernevel.

POSTE DE COMMANDEMENT DE KERNEVEL

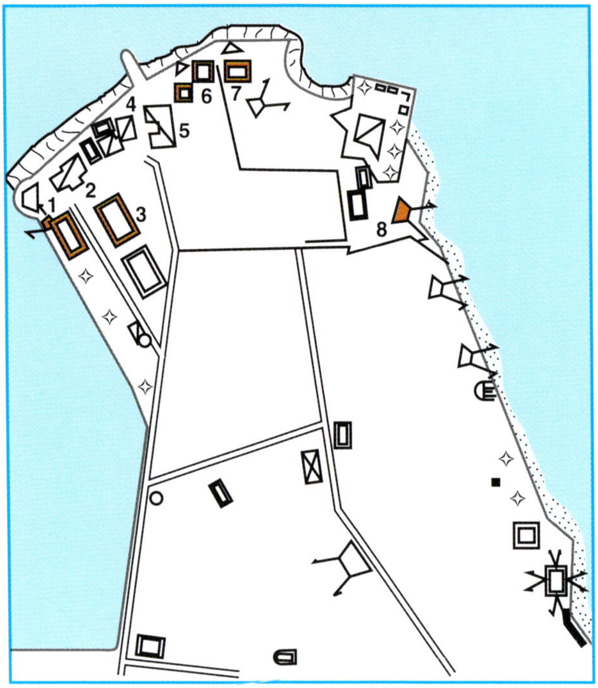

1 Casemate pour une mitrailleuse M.G. 34 de 7,92 mm.
2 Villa Margaret : c'était le logement des officiers d'état-major. Aujourd'hui, c'est un bar fort agréable.
3 Casemate abritant l'état-major et le logement du personnel subalterne (terrain militaire).
4 Villa Kerillon : logement et bureau de l'amiral Dönitz, de nos jours l'amirauté de Lorient.
5 Villa Kérozen : logement pour les officiers d'état-major.
6 Bunkers : ateliers, radios et infirmerie.
7 Groupes électrogènes et centrale électrique.
8 Casemate pour canon antichar de 47 mm Skoda.

Dans le poste de combat de la casemate pour mitrailleuse cuirassée M.G. 34, nous lisons cette maxime : «Exerce ton œil et ta main pour la patrie.»

*Intérieur du logement
à personnel de la casemate
pour mitrailleuse M.G. 34.*

*«Châteaux des Sardines»
sous lesquels se trouvait
le poste de commandement
de l'amiral Dönitz.*

Situé au «Château des Sardines», nom donné par les habitants de la presqu'île aux villas d'un important fabriquant de conserves, se tenait le quartier général des sous-marins de l'Atlantique commandé par l'amiral Dönitz. Environ 300 officiers et matelots étaient répartis dans les bunkers du poste de commandement construits autour des trois villas. Depuis les différentes salles d'exploitation : radio, télex, météo, cartes, était coordonnée heure par heure la lutte sous-marine que menait l'Allemagne contre les convois alliés. En août 1944 lors de la constitution de la poche de Lorient, le général Farmbacher commandant la place forte y installa son poste de commandement.

BASE SOUS-MARINE DE KÉROMAN (LORIENT)

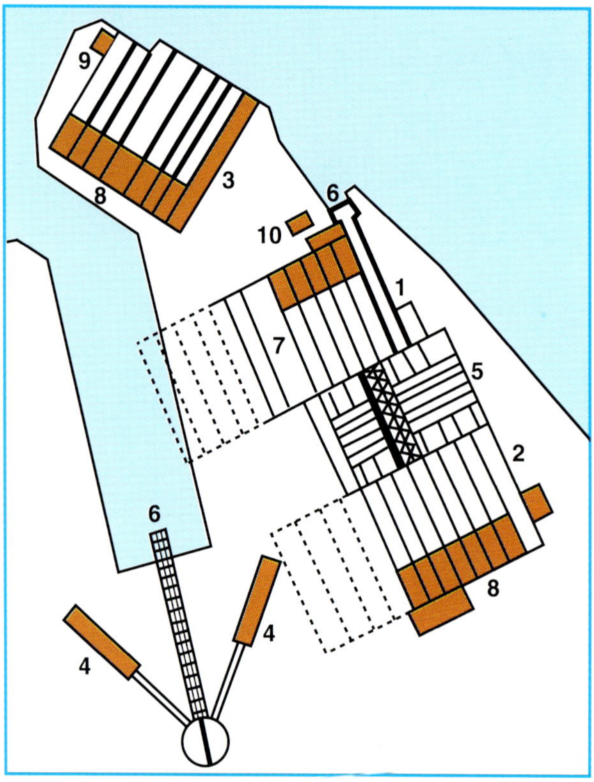

1 Bloc KI,
5 alvéoles plus une pour le slip-way.
2 Bloc KII,
7 alvéoles plus une pour les chariots transporteurs.
3 Bloc KIII, 7 alvéoles à flot dont 4 asséchables.
4 Bunkers-cathédrales pour un sous-marin.
5 Aire de manœuvre pour le chariot transporteur.
6 Entrée du slip-way.
7 Début de la construction de KIV.
8 Ateliers et services.
9 Bunker de défense rapprochée.
10 Bunker d'énergie électrique.

La base de Kéroman est le plus important complexe de maintenance et réparation pour sous-marins construit en France pour la Kriegsmarine. Sa construction se déroula en plusieurs phases de 1941 à 1943.

Base sous-marine de Kéroman en 1946.
Service historique de la marine, Vincennes.

Un bunker cathédrale antibombes.

Entrée du slip-way couvert de Kéroman I.

Début 1941, l'organisation Todt construisit de part et d'autre du slip-way de Kéroman dcux bunkers cathédrales de 25 m de haut sur 81 m de long et 16 m de large, capables d'accueillir chacun un sous-marin de type II de faible tonnage (250 tonnes).
Débutèrent ensuite les travaux du bloc Kéroman I de 120 m de long sur 85 m dc large et 18,5 m de haut. Il abrite cinq box à sec et le slip-way. Quelques mois plus tard, commence la construction du bloc Kéroman II qui mesure 138 m sur 120 m. Il abrite les chariots transporteurs et 7 alvéoles à sec

Au détour d'un couloir, dans une partie désaffectée de la base, nous pouvons lire sous l'emblème nazi : «Toujours prêt au feu.»

Aire de manœuvre du chariot porte sous-marins entre Kéroman I et Kéroman II.

Fin 1941, commence la construction de Kéroman III comportant sept alvéoles à flot dont quatre seront asséchables et qui mesurent 170 m sur 138 m et 20 m de haut. L'épaisseur de la dalle de couverture est de 7,4 m maximum.
L'ensemble des trois blocs de Kéroman engloutira plus de 571 800 m³ de béton et coûtera 400 millions de Reichsmark.

Une alvéole à flot de Kéroman III.

Remarquez la taille impressionnante des portes blindées de Kéroman I protégeant les sous-marins lors des opérations de maintenance.

Vue surréaliste de l'extension Kéroman IV restée inachevée.

K III entra en fonction en mai 1943 et, dès l'été de la même année, commencèrent de nouveaux travaux d'agrandissement le long des blocs K I et K II destinés à recevoir 24 sous-marins. Ce bloc supplémentaire qui devait s'appeler Kéroman IV ne fut jamais achevé par manque de matériaux et de moyens de transport.
La base abritera la 2e et la 10e flottilles sous-marines regroupant 30 sous-marins.

L'entrée des alvéoles de Kéroman III.

Fresques murales dans un bloc de défense rapprochée.

La pièce maîtresse de la base de Lorient était son système de slip-way permettant de hisser hors de l'eau les sous-marins pour les placer dans un box bétonné pour les réparations.
Les fonds rocheux rencontrés à Lorient ont fait opter pour cette solution. Le slip-way ou chemin de hissage consistait en un plan incliné avec un chariot en forme de coin sur lequel reposait un berceau, le tout immergé.
Le sous-marin se présentait et prenait place au-dessus du berceau. Après la fermeture des portes, des pompes rejetaient l'eau à la mer jusqu'au moment où le sous-marin se posait dans le chariot. Une fois arrimé, l'ensemble était hissé par un treuil de 220 ch, puis mis sur le transbordeur qui se déplaçait latéralement sur des rails jusqu'à l'alvéole choisie.
Il ne restait plus qu'à introduire le sous-marin dans l'alvéole, fermer les énormes portes blindées et les travaux pouvaient commencer. L'opération s'exécutait en 35 minutes environ. *Mémoires du général Fahrmbacher.*

Chariot porte-sous-marins du slip-way.

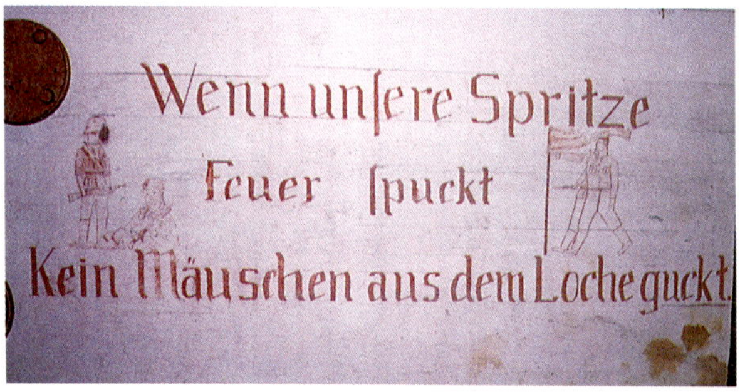

Dans une partie désaffectée de la base, près d'un créneau de tir pour arme automatique, nous lisons : «Quand notre mitrailleuse crache le feu, pas un souriceau ne pointe le bout de son nez.»

Dans un local d'hydrocarbure de Kéroman III, un système de ventilation d'époque toujours en place. Les fûts d'origine sont marqués «Kriegsmarine».

Poste de tir pour une
mitrailleuse M.G. 34
sur rotule blindée.

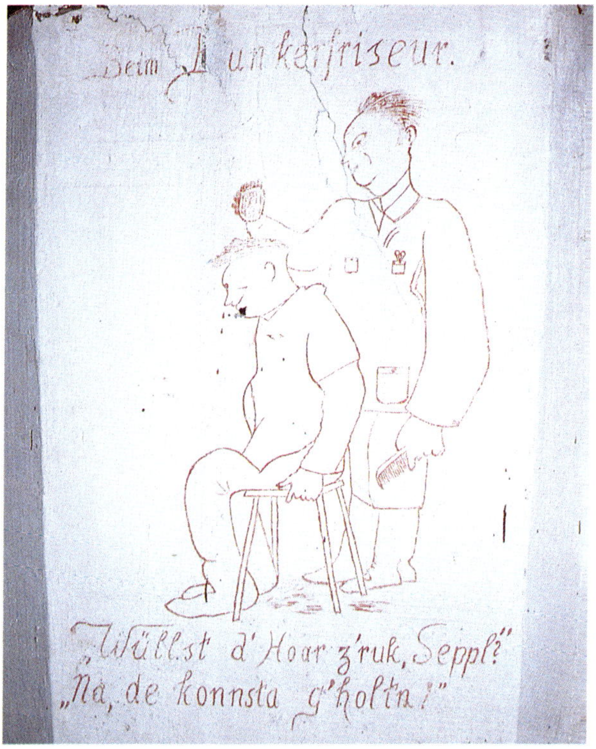

Dans le couloir
d'un abri à personnel
désaffecté, cette amusante
fresque nous dit :
«Chez le coiffeur
du Bunker.»
«Tu veux récupérer tes
cheveux Seppl ?»
«Non, tu peux te les garder !»

Poste de tir pour mitrailleuse
M.G. 08/15.

Dans un bloc de défense
rapprochée, on peut voir
ce panorama de tir
indiquant la distance
des points de repère.

DÉFENSES DE LA FORTERESSE DE LORIENT

Près de Fort-Bloqué, alignement d'obstacles de plages.

Point d'appui au nord de Lorient. Cloche blindée d'observation et réglage d'artillerie.

Accès de la cloche blindée.

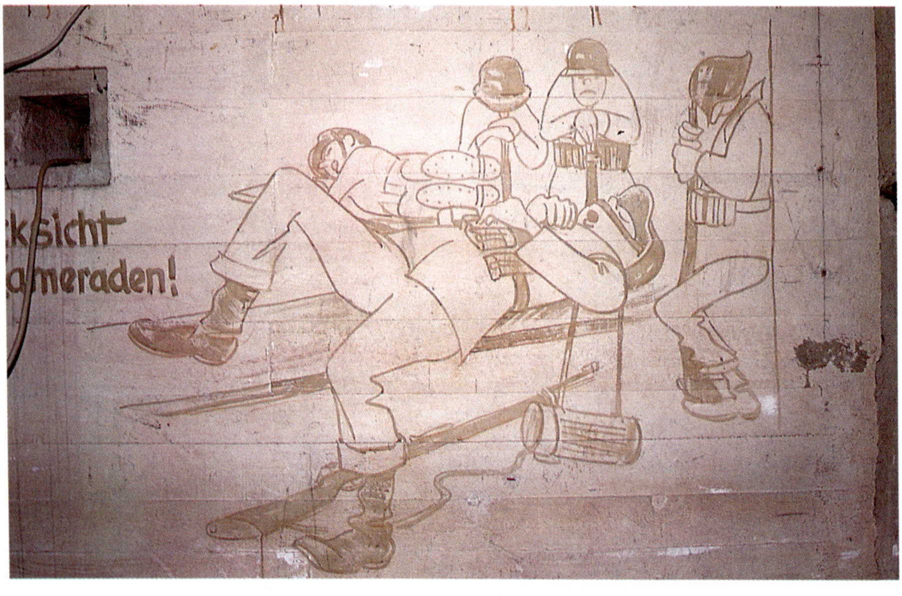

Dans une casemate de Port-Louis : «prends quelques égards envers tes camarades !» est inscrit à gauche de cette étonnante fresque murale, représentant un groupe de soldats allemands épuisés.

SOUTERRAINS DE SOY

De Lorient, suivre Plœmeur puis Soy.

Destiné à abriter le personnel de l'organisation Todt, cet important réseau de souterrains servit aussi de stockage de matériel et de munitions. Il pouvait loger environ 1 500 hommes. Les entrées des galeries inférieures étaient défendues par deux casemates équipées de mitrailleuses M.G. 08/15 et accessibles uniquement par les souterrains.

Depuis les galeries inférieures, un impressionnant escalier sous roc conduisait à un ouvrage pour mortier automatique M 19, arme redoutable. Aujourd'hui, la cloche d'acier du mortier M 19 a été ferraillée mais le réseau souterrain est encore visitable.

Bloc de défense de l'ouvrage. Remarquez le camouflage du béton.

Un des accès du réseau souterrain de Soy. Galerie menant au bloc de défense.

Possibilité de s'y rendre en bateau, départ de Lorient, puis de Port-Tudy, suivre Pen-Men.

BATTERIE SEYDLITZ DE L'ÎLE DE GROIX

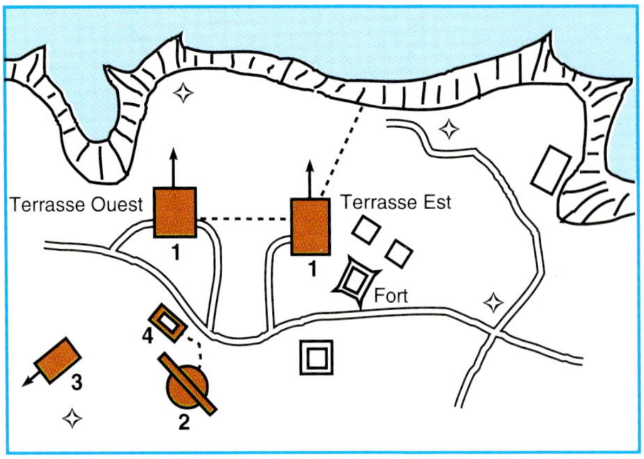

1 Tourelles pour deux pièces de 203 mm.
2 Poste de direction de tir avec télémètre sous blindage.
3 Encuvement pour un canon de 150 mm.
4 Abri à personnel.

L'île de Groix fut choisie par la Kriegsmarine pour l'implantation d'une batterie côtière lourde qui devait défendre l'espace sous-marin sud-ouest du port de Lorient. Montage unique sur le mur de l'Atlantique en Bretagne. Cette batterie était constituée de deux tourelles provenant du croiseur *Seydlitz*, armée chacune de deux canons de 203 mm S.K.C 34 d'une portée de 37 000 m. Non loin du poste de direction de tir, se trouvait en encuvement un canon de 150 mm tirant des obus éclairants. Neuf pièces antiaériennes de 40 mm Bofors et quatre de 20 mm défendaient l'espace aérien. L'équipage formait la 5e batterie du 264e groupe d'artillerie de marine. Un radar de recherche sur but marin See-Riese et un projecteur de 1,50 m complétaient l'équipement de la batterie.

Une des tourelles de 203 mm de la batterie Seydlitz en 1946.
Service historique de la marine, Vincennes.

Descente aux enfers ! L'accès aux trois niveaux de la casemate est possible par le puits de la tourelle.

Les tourelles sont installées sur d'immenses casemates bétonnées qui comprenaient trois étages en sous-sol, abritant les postes d'équipage, les groupes électrogènes, les munitions, les réserves d'eau et de gasoil, l'atelier, etc.

Au 3e sous-sol, puits reliant la casemate au réseau souterrain.

Escalier reliant les différents niveaux de la Casemate.

Relais de téléphone raccordant la batterie Seydlitz au réseau de l'île de Groix.

OUVRAGE POUR TOURELLE DE LA BATTERIE SEYDLITZ

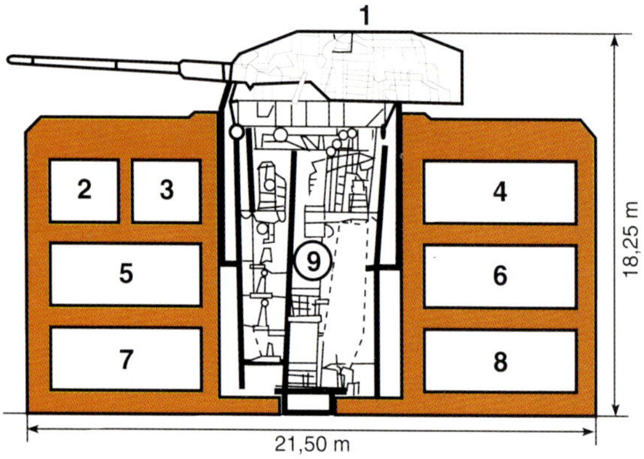

CARACTÉRISTIQUES DES CANONS

Type : S.K.C./34.
Calibre : 203 mm.
Vitesse initiale : 925 m/s.
Poids de l'obus : 122 kg.
Portée maximale : 37 000 m.
Cadence de tir : 1 coup/min.
Poids d'un canon : 20 700 kg.
Longueur : 12,15 m.

1 Tourelle blindée équipée de deux pièces de 203 mm S.K.C 34.
2.3. Soutes à munitions.
4 Groupes électrogènes.
5 Soutes à munitions.
6 Postes d'équipages, locaux techniques.
7 Soute à munitions.
8 Postes d'équipages, locaux techniques.
9 Chargeurs des canons et monte-charge pour munitions.

Plan de MM. Humeau et Van Meeuwen.

Île de Groix, l'autre tourelle de la batterie Seydlitz en 1946.
Service historique de la marine, Vincennes.

Dans une soute à munitions, ouverture permettant le passage des obus.

Télémètre sous tourelle blindée de la batterie Seydlitz en 1946.
Service historique de la marine, Vincennes.

Pendant les combats de la poche de Lorient, la batterie Seydlitz ouvrit le feu à plusieurs reprises sur les lignes de front tenues par des troupes F.F.I. et américaines, notamment lors des combats pour Sainte-Hélène et Nostang.

Aujourd'hui, les deux tourelles de 203 mm ainsi que le télémètre blindé du poste de direction de tir ont été ferraillés. La tourelle Est a été comblée mais l'autre tourelle et quelques souterrains sont encore visitables.

POSTE DE DIRECTION DE TIR, TYPE MARINE DE LA BATTERIE SEYDLITZ

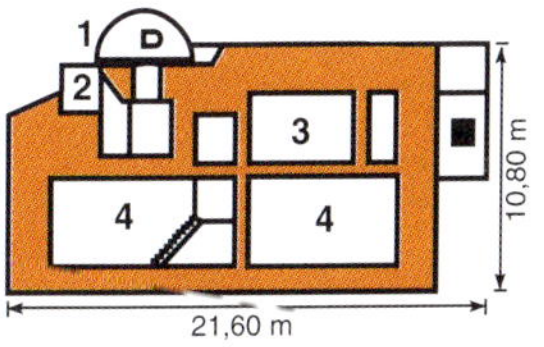

Béton : 1 800 m³.
Fer à béton : 70 t.

1 Tourelle blindée pour télémètre.
2 Casemate blindée pour périscope.
3 Exploitation des renseignements.
4 Groupes électrogènes, réservoirs, gasoil, eau.

Plan de MM. Humeau et Van Meeuwen.

PONT-LOROIS

Casemate reconstituée au musée de la Résistance bretonne pour le canon de 50 mm K.W.K. 39 de Pont-Lorois.

Remarquez le réalisme de la reconstitution. Sur un côté du bunker a été réalisée une peinture de camouflage en trompe-l'œil type maison.

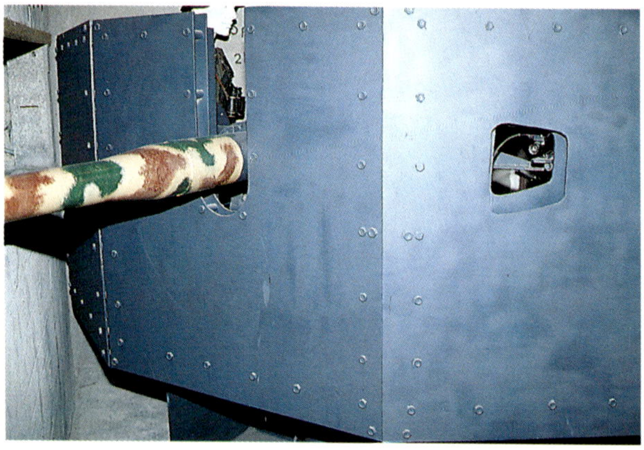

Le canon de 50 mm de Pont-Lorois, une fois sablé et repeint, a retrouvé une seconde jeunesse dans sa nouvelle casemate au musée.

Ce canon antichar de 50 mm K.W.K. 39 était installé à l'origine dans une casemate qui prenait en enfilade Pont-Lorois. 40 ans plus tard, il fut récupéré par le musée de la Résistance bretonne qui, après l'avoir restauré, le présente actuellement dans une casemate construite spécialement pour lui, afin d'aborder le thème du mur de l'Atlantique en Bretagne.

POSITION DU MAGOUËR

De Plouhinec, suivre Pont-Lorois puis le Magouër.

Montage peu courant. Ce canon antichar de forteresse 47 mm Skoda a été installé dans une casemate qui ne lui était pas destinée. Ce canon est toujours en place actuellement.

La bouche à feu... la rotule en acier, qui ne s'articule pas dans une embrasure étudiée pour elle, n'offre plus aucune protection aux servants.

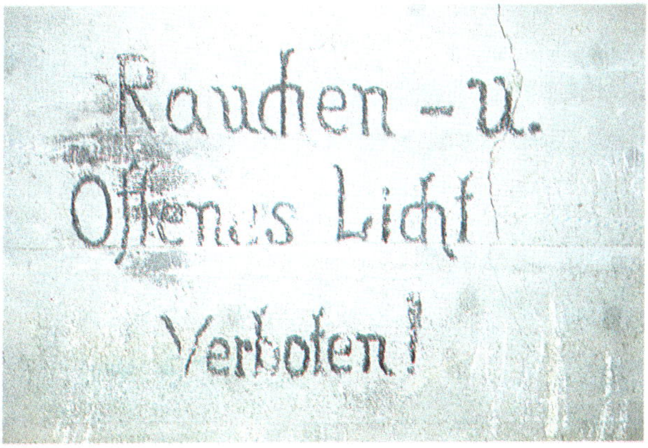

Dans la chambre de tir ce marquage : «Fumer et utiliser la lumière sont interdits.»

De Vannes, suivre Auray, Plouharnel, Quiberon et, après le galion, à droite.

BATTERIE DE PLOUHARNEL

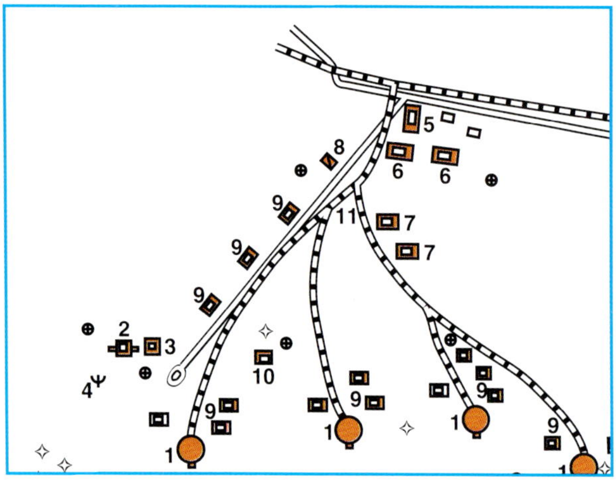

1 Encuvements pour pièces de 340 mm.
2 Tour, poste de direction de tir.
3 Poste de commandement.
4 Radar Würzburg See-Riese.
5 Abri-hôpital.
6 Soutes principales à munitions (obus).
7 Soutes principales à munitions (gargousses).
8 Garage auto.
9 Abris à personnel.
10 Groupe électrogènes.
11 Voies ferrées raccordant les encuvements au réseau.

En 1945, une des imposantes pièces de 340 mm Schneider de la batterie du Bégot.
Musée de la Résistance bretonne.

De nos jours, un des immenses encuvements pour canon de 340 mm du Bégot.

Cette batterie lourde de marine installée au Bégot près de Plouharnel était la plus puissante position du système défensif de la forteresse de Lorient. Elle devait, en croisant ses feux avec les quatre pièces de 203 mm de l'île de Groix, interdire toute approche du port de Lorient.

Il aura fallu 2 ans de travail à l'organisation Todt pour construire une soixantaine de casemates et quatre encuvements de 36 m de diamètre où seront installées trois pièces de 340 mm Schneider Mle 1912, sur affût pour voie ferrée.

Photo exceptionnelle ! Un des canons de 340 mm de la batterie du Bégot existe toujours. Nous l'avons retrouvé dans un terrain militaire. Le tube de ce canon monstrueux mesure plus de 16 m de long et pèse 67 tonnes ! Après avoir participé à deux guerres mondiales, dans l'armée française puis sur le mur de l'Atlantique, ce vétéran gît désormais sur des cales parmi d'autres canons tout aussi prestigieux.

Les 16 mètres de la volée du canon. Si l'on pouvait dresser ce tube, il atteindrait le 4e étage d'un immeuble !

L'impressionnant bloc de culasse.

La chambre et un tourillon.

La bouche à feu de 340 mm.

D'origine française, ces canons gigantesques atteignaient un poids de 162 tonnes pour une longueur totale de 19,50 m et pouvaient expédier un obus de 427 kg à plus de 33 km. Une garnison de 310 hommes appartenant au 264e groupe d'artillerie de marine était répartie dans les différents postes de combat.

Le poste de direction
de tir du Bégot.

Insigne de l'artillerie
de la marine.

Dans une soute à munitions entre deux insignes de l'artillerie de marine, nous lisons :

«Et même si l'ennemi nous bombarbe d'une pluie de feu et de fer, nous tiendrons bon auprès de notre canon.»

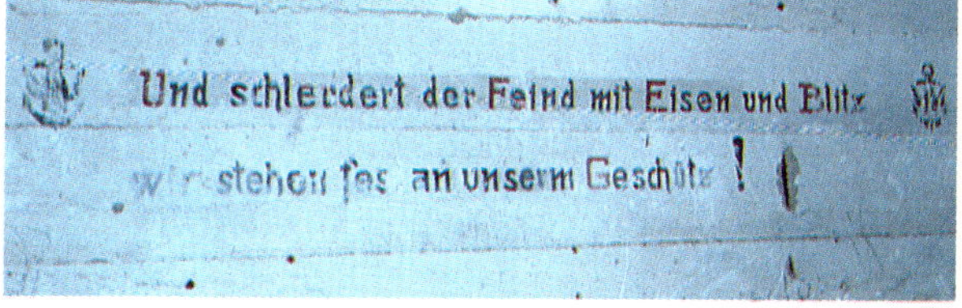

Une impressionnante tour de 14 mètres de haut abritant un télémètre et divers optiques dirigeait le tir de ces trois pièces. En avant du poste de direction de tir se tenait un radar Würzburg See-Riese servant à la détection des navires.
Durant les combats de la poche de Lorient, la batterie ouvrit le feu sur la gare de Vannes semant la panique et occasionnant de nombreuses victimes. De plus, un tir méthodique sur un poste de commandement français situé à 25 km déclencha de la part de l'armée américaine un violent bombardement de la batterie, qui dura plusieurs jours. Un canon de 340 mm fut détruit et les deux autres mis hors de combat.

Dans un abri à personnel, cette incroyable fresque murale faisant allusion à la célèbre chanson fredonnée pendant la «drôle de guerre» (Nous irons pendre notre linge sur la ligne Siegfried) : «Mur de l'Atlantique ! Le Tommy prenait autrefois – comme c'est fâcheux ! – le mur de l'Ouest (ligne Siegfried) pour un poteau à linge et éprouvait le besoin irrésistible d'y étendre toutes sortes de lessives. Mais, près du mur de l'Atlantique, il évite désormais ce genre de fanfaronnades, parce qu'il sait bien qu'à la place du linge, c'est une bonne raclée qui l'attend !»

«Matériel de protection contre les gaz.»

De nos jours, l'ensemble de la position a été dépouillé de son acier mais une visite s'impose, ne serait-ce que pour l'imposante tour du poste de direction de tir et les immenses encuvements pour canons de 340 mm avec soutes attenantes. Dans les abris à personnel, on peut découvrir d'innombrables inscriptions et fresques murales très bien conservées.

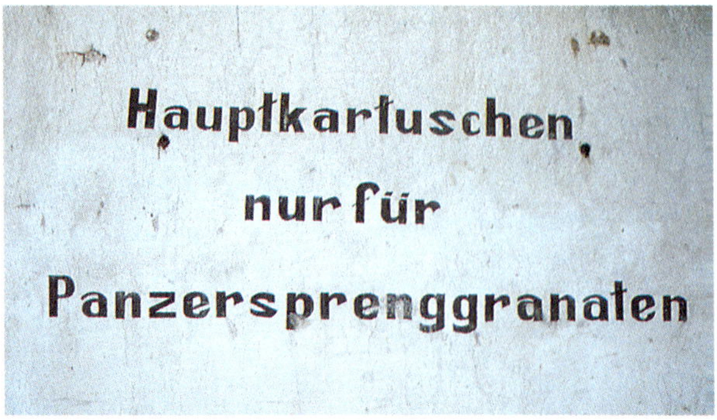

«Grandes douilles pour obus perforants.»

LANDREZAC

Casemate supportant une cloche blindée d'observation et de réglage d'artillerie ainsi qu'une plaque d'acier pour une mitrailleuse M.G. 34, cadence de tir 900 coups/minute.

Cette curieuse casemate, noyée dans les habitations, sert désormais de terrasse. Elle a conservé sa tourelle blindée pour mitrailleuse d'un modèle peu courant.

BEG-LANE

Dans le mur d'enceinte d'un ancien monastère des pères blancs, l'O.T. a admirablement intégré cette casemate pour canon de 75 mm. Remarquez le camouflage du béton qui imite la continuité des pierres du mur.

De Damgan,
suivre pointe de Kervoyal.

POINT D'APPUI DE KERVOYAL

1 Casemate à double embrasure pour canon antichar de 50 mm K.W.K.
2 Casemates pour canon antichar de 37 mm.
3 Casemate pour canon antichar de 50 mm K.W.K.
4 Abris à personnel.
5 Tobrouk pour mitrailleuse.

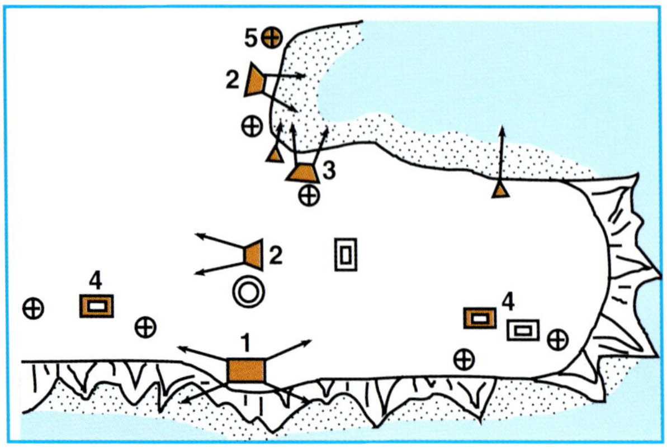

La casemate à double embrasure pour canon de 50 mm de Kervoyal.

Un ouvrier de l'O.T. a tracé sur le ciment frais le «V» de la victoire, la croix de Lorraine et l'emblème communiste, à la barbe des Allemands.

Dans un «tobrouk», le rail circulaire mobile avec sa fixation pour mitrailleuse M.G. 34 est toujours en place.

Autour de l'embrasure de cette casemate, le camouflage d'origine est encore très visible.

À Damgan, casemate de flanquement à deux embrasures avec abri pour le personnel, type «trompe d'éléphant» !

FORTERESSE DE SAINT-NAZAIRE

Nous abordons maintenant le début des défenses de la forteresse de Saint-Nazaire qui, comme Lorient et Brest, étaient extrêmement denses du fait de la présence dans ces ports de bases sous-marines. La forteresse de Saint-Nazaire avec ses batteries côtières lourdes et moyennes, ses ceintures de points d'appui et nids de résistance, ses défenses antiaériennes et sa base sous-marine, conçus pour combattre de manière autonome, se rendra finalement le 10 mai 1945 après plus de 9 mois de siège.

Cloche blindée pour mitrailleuses située à L'Immaculée, juste au-dessus de l'hôpital souterrain de la Kriegsmarine maintenant inondé.

Un camouflage en trompe-l'œil, type maison au camp Maza.

En 1945, un radar Würzburg géant au Croisic. Sa portée était de 60 km.
Musée de la Résistance bretonne.

POINT D'APPUI DE PEN-BRON

De La Turballe, suivre Pen-Bron.

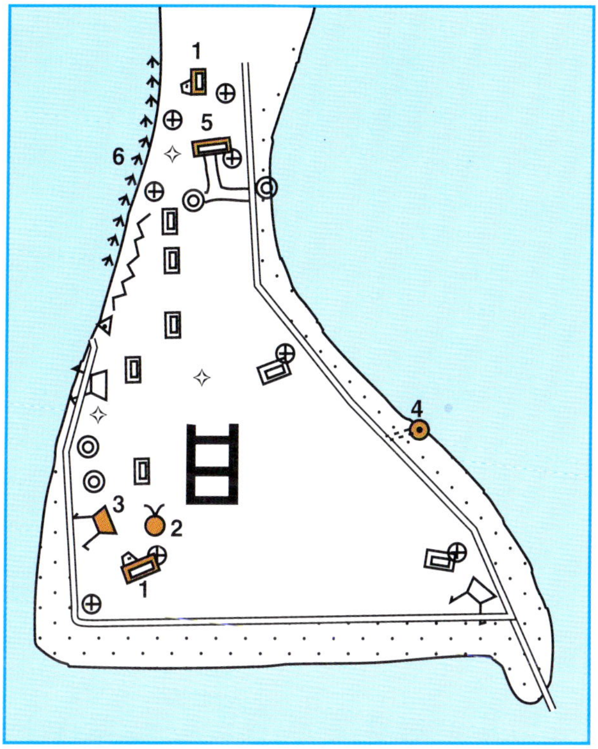

1 Casemates supportant une cloche blindée à 6 embrasures pour deux mitrailleuses M.G. 34. Elles sont en place actuellement.
2 «Tobrouk» pour mortier de 80 mm.
3 Casemate pour canon de 50 mm.
4 «Tobrouk» pour tourelle de char Renault R 35, calibre 37 mm.
5 Blockhaus-garage pour deux canons de campagne.
6 Obstacles de plage toujours en place aujourd'hui.

La tourelle blindée pour mitrailleuse de Pen-Bron semble toujours monter la garde face au Croisic.

La pointe de Pen-Bron, située juste en face du Croisic, fut transformée en véritable petite forteresse. En effet, sur une superficie restreinte, l'O.T. y construisit une trentaine d'ouvrages.

Sur la plage de Pen-Bron, comme en 1944, cet alignement d'obstacles de plage.

L'accès de la cloche blindée.

Aujourd'hui, on peut encore y voir deux casemates équipées de leur cloche blindée pour mitrailleuses M.G. 34 ainsi qu'un impressionnant alignement d'obstacles de plage à leur emplacement d'origine. Il y a quelques années, était en place une tourelle de char Renault R 35 récupérée depuis par le musée des Blindés de Saumur.

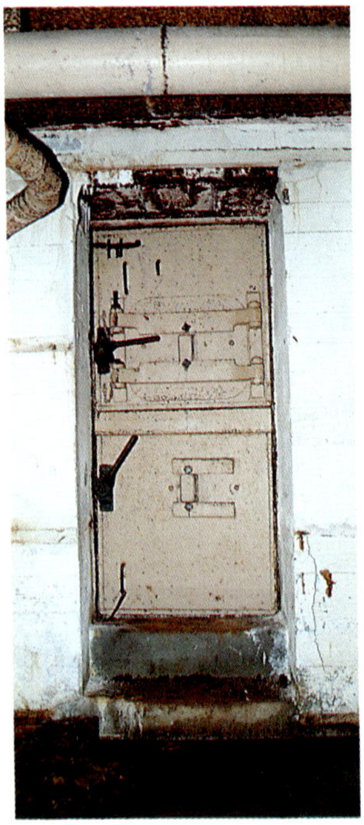

Porte blindée à double ventail d'une casemate de Pen-Bron, dans un état de conservation exceptionnel. Ce type de porte pèse 640 kg !

Un affût pour mitrailleuse M.G. 34. Remarquez au-dessus la réglette graduée.

BATTERIE DE KERMOISAN

Du Croisic, suivre Batz s/Mer puis Kermoisan.

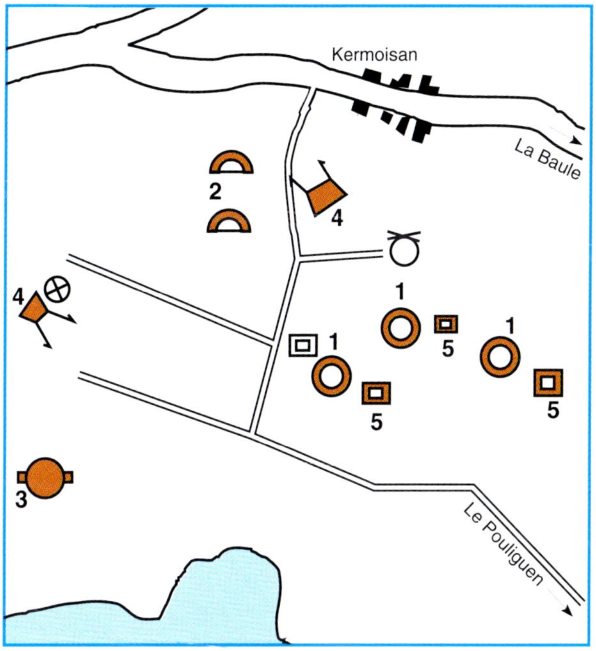

Non loin de Batz-s/Mer, près du village de Kermoisan, avait été installée en 1941 la 4e batterie du 280e groupe d'artillerie de marine. Elle était équipée de deux pièces de 240 mm Mle 1893/96 sur voie ferrée d'origine française. Ces canons vétérans de la Première Guerre mondiale, qui pesaient plus de 142 tonnes, pouvaient grâce à un système hydraulique pivoter sur 360°.

1 Encuvements pour canons sur voie ferrée de 240 mm Mle 1893/96.
2 Encuvements avec soutes attenantes pour canons de 305 mm Skoda.
3 Poste de direction de tir.
4 Casemates de flanquement pour canon de 50 mm.
5 Soutes à munitions.

En 1945, un canon de 240 mm de la batterie de Kermoisan.
Musée de la Résistance bretonne.

Ces deux vues, prises à un demi-siècle d'intervalle, nous montrent la masse imposante de plus de 2 000 tonnes de béton et d'acier du poste de direction de tir de la batterie de Kermoisan. Le camouflage en trompe-l'œil est remarquable.
Service historique de la marine, Vincennes.

La position prévue pour une pièce de 305 mm Skoda.

On devine encore aujourd'hui les fenêtres du camouflage.

Cartouche indiquant que c'est une unité du service du travail du Reich (R.A.D.) qui a construit le poste de direction de tir.

Deux emplacements semi-circulaires avec soutes attenantes étaient en construction en 1944 et devaient accueillir des pièces de 305 mm Skoda. Ces canons étaient encore en Tchécoslovaquie lors de la constitution de la poche de Saint-Nazaire et les travaux furent abandonnés.
L'espace aérien était défendu par six pièces de 20 mm et deux de 75 mm. Un impressionnant poste de direction de tir de type marine, camouflé en trompe-l'œil, avait été construit sur une falaise face à la mer.
De nos jours, les encuvements pour 240 mm sont toujours visibles ainsi que l'imposant poste de direction de tir sur lequel on devine encore les fausses fenêtres du camouflage en trompe-l'œil.

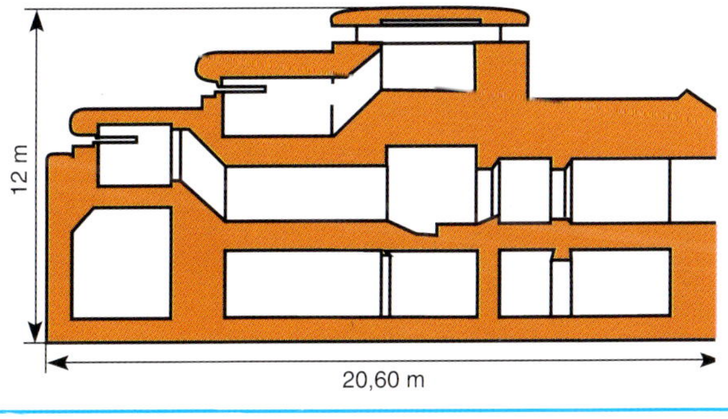

POSTE DE DIRECTION DE TIR POUR BATTERIE LOURDE DE TYPE MARINE DE LA BATTERIE DE KERMOISAN

Béton : 1 800 m^3.
Fer à béton : 90 tonnes.
Personnel : 3 officiers, 15 sous-officiers et hommes de troupe.

LA BAULE

Cette extraordinaire tourelle de char Renault F.T. 17 est une énigme. En effet, elle est équipée d'une arme inconnue, qui paraît être une mitrailleuse lourde Hotchkiss de 13,2 mm, arme très peu répandue à l'époque. Comme beaucoup d'autres, elle a été montée sur «tobrouk» dans la région de la Baule et se trouve maintenant sur un terrain privé dans un très bon état de conservation.

À l'intérieur de la tourelle, on lit encore les cadences de tir.

POSTE DE COMMANDEMENT DE SAINT-MARC

De Saint-Nazaire, suivre La Baule par la côte.

C'est à Saint-Marc que se trouvait le poste de commandement principal de la défense antiaérienne de Saint-Nazaire. Le général commandant y avait sa résidence, située au-dessus du bunker d'exploitation des renseignements dans une construction de briques rouges.

Échelle métallique permettant de gravir les derniers mètres pour accéder au sommet de la tour.

La tour du poste de commandement de Saint-Marc.

Entrée principale du bunker de commandement situé sous la tour.

Dans le patio de la résidence, sur les poutres remarquablement sculptées, nous pouvons lire : «Tenir le coup malgré les violences.»

À l'angle du bunker, une imposante tour de béton permettait d'avoir un regard très étendu sur toute la région. Dans la résidence du général, les poutres de bois, qui entourent le patio, sont encore ornées de textes sculptés en gothique.

Du sommet de la tour, le point de vue est remarquable ! Un support d'optique est toujours en place actuellement.

BATTERIE DU FORT DE L'ÈVE

De Saint-Nazaire, suivre La Baule par la côte.

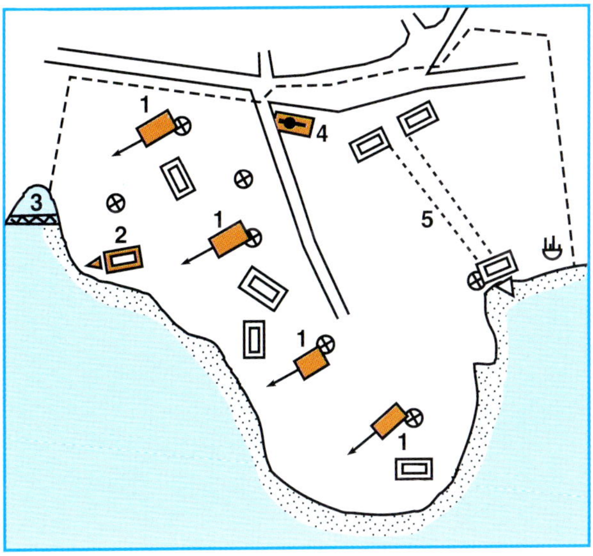

Chargée de défendre l'entrée sud-ouest du port de Saint-Nazaire, la batterie du fort de l'Ève est un exemple type d'une position d'artillerie moyenne de la Kriegsmarine. Équipée de quatre canons de 170 mm S.K.L. 40, d'une portée de 27 000 mètres, elle était servie par 150 hommes du 280e groupe d'artillerie de marine.

1 Casemates de type marine pour canon de 170 mm.
2 Casemates de flanquement pour mitrailleuses.
3 Mur antichar.
4 Poste de direction de tir.
5 Galeries souterraines pour stockage des munitions.

En 1946, cette casemate est encore équipée de son canon de 170 mm. Remarquez le camouflage en trompe-l'œil très sophistiqué.
Service historique de la marine, Vincennes.

Aujourd'hui, la casemate, camouflée en maison a conservé un de ses faux pignons.

Dans une salle du réduit du fort, on trouve encore ce reste de canon d'un modèle indéterminé, culasse ouverte !

Sous le fort, des galeries souterraines équipées d'un monte-charge servaient de soutes à munitions. En 1942, lors du raid de commandos sur la forme Joubert, la batterie ouvrit le feu sur la flotte britannique et tira plusieurs centaines d'obus.

CASEMATE DE TYPE MARINE POUR PIÈCE DE 170 mm DU FORT DE L'ÈVE

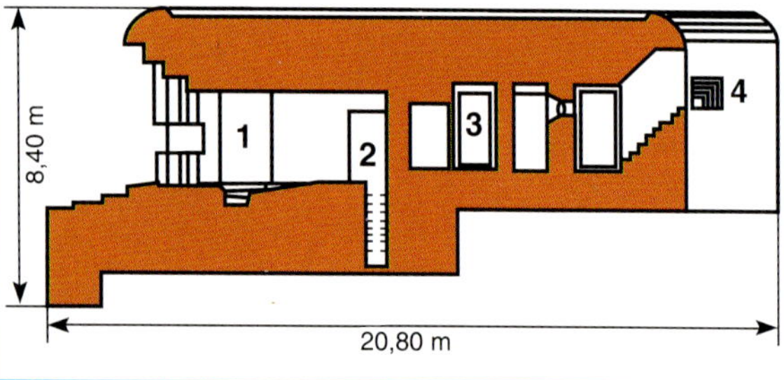

Canon : S.K.L/40.
Calibre : 170 mm.
Vitesse initiale : 875 m/s.
Portée : 27 000 m.
Équipe de pièce : 12 hommes.

1 Chambre de tir.
2 Soute à douilles.
3 Soutes à munitions.
4 Créneau de défense.

Le poste de direction de tir.

Dans le souterrain, un wagonnet servant au transport des munitions jusqu'au monte-charge est toujours présent.

De nos jours, la position se trouve en terrain militaire mais en empruntant le sentier côtier, on peut tout de même admirer les casemates pour canon de 170 mm. L'une d'elles a conservé un faux pignon destiné à l'époque à camoufler l'ouvrage en maison.

Dans une casemate, cette porte blindée a été épargnée par les ferrailleurs.

Galerie souterraine du dépôt de munitions.

➡ *De Saint-Nazaire, suivre L'Immaculée puis camp de Beauregard.*

CAMP DE BEAUREGARD

Dans le foyer du Centre de repos des sous-mariniers des 6ᵉ et 7ᵉ flottilles basées à Saint-Nazaire, au camp de Beauregard, nous pouvons encore admirer cette extraordinaire fresque murale qui représente un édifice ancien, très célèbre du port de Danzig en Prusse.

Tout s'explique quand on sait que la 6ᵉ flottille de U-Bootes a été transférée de Danzig à Saint-Nazaire en février 1942 !

De chaque côté, des inscriptions en gothique nous disent : «Ce qui ne nous bouleverse pas ne fait que nous endurcir.» et «Plutôt mort qu'esclave.»

BASE SOUS-MARINE DE SAINT-NAZAIRE

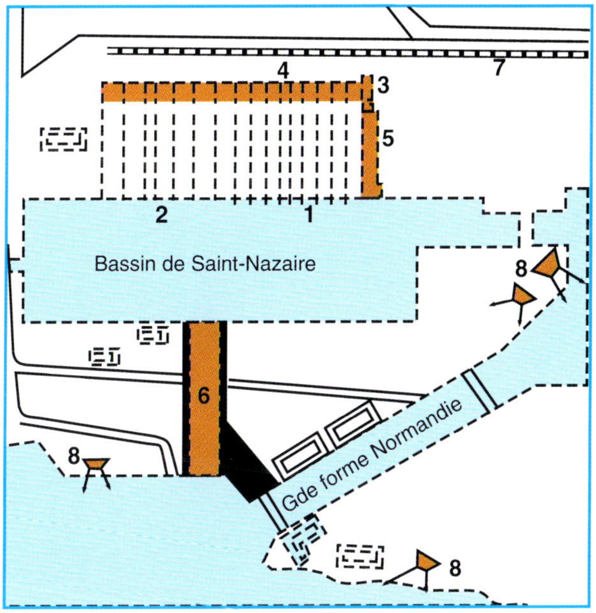

1 8 alvéoles asséchables d'une longueur de 92,5 mm.
2 6 alvéoles à flots d'une longueur de 62,5 mm.
3 Bloc de défense rapprochée.
4 Ateliers et services.
5 Services et casernement.
6 Écluse protégée.
7 Voie de chemin de fer.
8 Casemates pour canons antichar.

Construite entre 1941 et 1942 par plus 4 600 ouvriers de l'O.T., encadrés par 327 ingénieurs et responsables de grandes firmes allemandes (Siemens, M.A.N., Brandt, etc.), elle nécessitera plus de 313 000 m³ de béton.

Ce bunker géant, qui mesure 291 m de long, 124 m de large et 18 m de haut, pourra accueillir vingt submersibles grâce à ses 14 alvéoles dont 8 asséchables, qui serviront de formes de réparations et carénages.

Base sous-marine de Saint-Nazaire, depuis l'intérieur du bunker écluse.

De 1942 à août 1944, la base de Saint-Nazaire abritera les 6e et 7e flottilles de sous-marins.
Pour entrer à la base, les U–Bootes devaient franchir une écluse reliant le bassin à la mer, ce qui les rendait très vulnérables aux attaques aériennes. En 1943, l'O.T. construisit une écluse protégée sous un bunker de 155 m de long, 25 m de large et 14 m de haut, surmonté d'une cloche blindée pour mitrailleuses et quatre encuvements pour canons antiaérien de 20 mm.

Bunker écluse de Saint-Nazaire, depuis la dalle de couverture de la base sous-marine.

Dans une pièce du poste de commandement, une citation d'Adolf Hitler : «Ton devoir passe avant ton droit.»

Limite d'arrêt des travaux de renforcement de la dalle de couverture.

En 1942, la Kriegsmarine décide de renforcer la dalle de couverture des bases sous-marines par une structure constituée de murs parallèles supportant des poutres de béton. Ce système devait faire exploser les bombes, avant qu'elles ne touchent la dalle du toit, dans des chambres d'explosion de 6 m de large sur 2 m de haut. Cette structure n'a été réalisée qu'en partie sur la base de Saint-Nazaire.

Un océan de béton ! Poutres d'éclatement de la structure antibombes.

Sous les poutres d'éclatement, se forment les chambres d'explosion protégeant ainsi la dalle proprement dite.

Cette très rare cloche blindée pour mortier automatique M 19 de 50 mm se trouve encore actuellement sur la dalle de couverture.

Intérieur de la cloche blindée qui a conservé son mortier automatique.
La cloche blindée du mortier M 19, effleurant la dalle, était pratiquement invulnérable.
Le tube pouvait sur 360°, et jusqu'à 600 m, saturer une zone d'une véritable pluie de projectiles de 50 mm (120 coups/min maximum).

Au pied de la cloche blindée, la chambre de stockage des munitions. Sur l'établi, on garnissait les plaques d'alimentation du mortier d'une capacité de six roquettes de 50 mm.

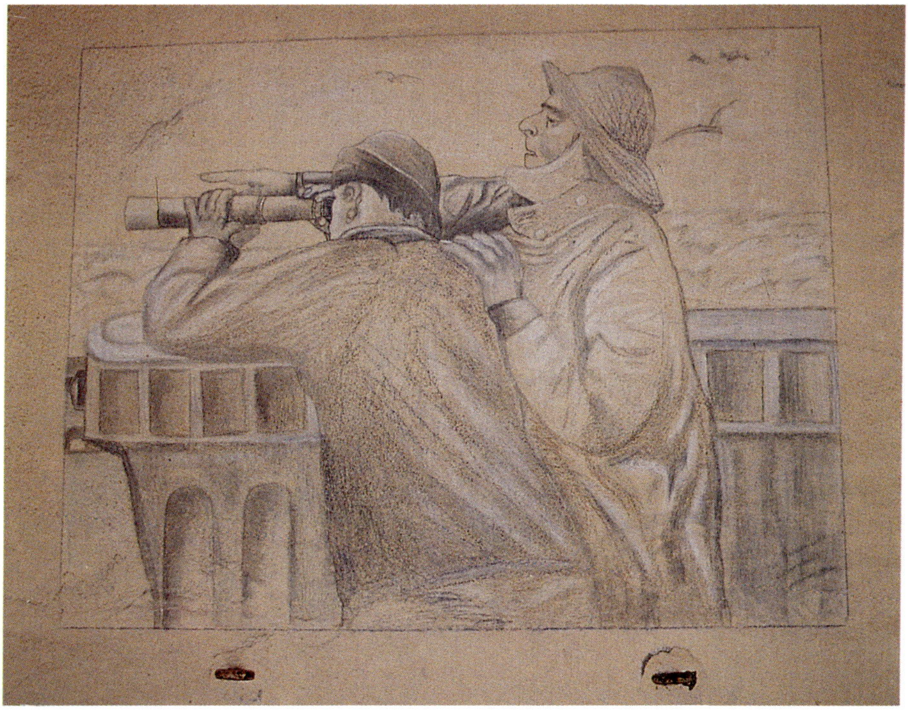

Au détour des innombrables salles et couloirs de la base, on découvre, çà et là, des maximes et fresques murales comme cette extraordinaire scène de veille dans le kiosque d'un U-Boote, située dans le magasin électrique.

Au-dessus d'un bassin, nous lisons :

«Plus grande sera la vigilance, plus sûre sera l'avance.»

Tout est resté intact dans les cuisines de la base.

Cette fresque, un sous-marin dans une roue dentée surmonté de l'emblème nazi, représente la décoration remise aux ouvriers des chantiers de réparations de sous-marins.

Lors de la reddition de la poche de Saint-Nazaire, en mai 1945, la base fut remise intacte aux Forces alliées.

De nos jours, une partie de la base est occupée par une entreprise de céréales, l'autre est abandonnée et l'écluse protégée abrite désormais *l'Espadon*, ex-sous-marin de la Marine nationale qui est visitable dans le cadre de l'écomusée de Saint-Nazaire.

Autre fresque rappelant sans doute à un matelot le pays natal. A. Marchand

Cloche blindée pour deux mitrailleuses M.G. 34, toujours en place sur la dalle de couverture du bunker-écluse.

BATTERIE DU POINTEAU

De Saint-Nazaire, suivre Saint-Brévin-les-Pins puis Le Pointeau.

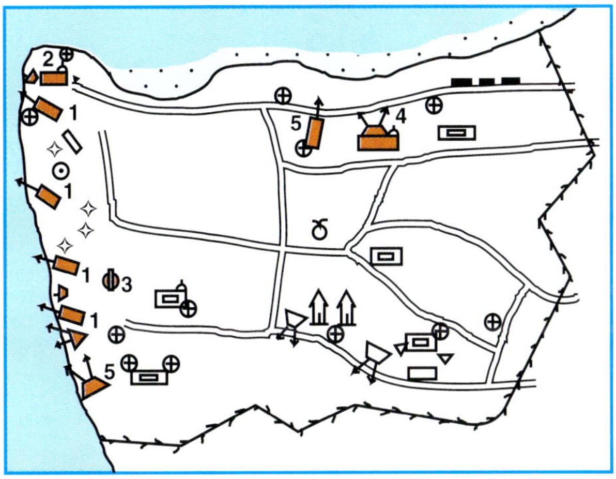

1 Casemates pour canon de 105 mm.
2 Casemate pour mitrailleuse cuirassée surmontée d'une cloche blindée d'observation.
3 Poste de direction de tir.
4 Casemate pour canon de 88 mm surmontée d'une cloche blindée d'observation et réglage d'artillerie.
5 Casemate pour canon antichar de 50 mm.

La batterie du Pointeau, pourvue de quatre pièces de 105 mm et une de 88 mm, était chargée de défendre l'entrée nord-ouest du port de Saint-Nazaire. Une vingtaine d'ouvrages avaient été construits et occupés par des hommes du 280e groupe d'artillerie de marine. En 1942, lors du raid de commandos britanniques, cette batterie démontra son efficacité en tirant plus de 1 300 coups au cours de la nuit sur la flottille anglaise.

Une des casemates pour canon de 105 mm de la batterie du Pointeau en 1946. Le bouclier du canon est encore un place ainsi que les fils de fer destinés à supporter le camouflage devant casser la silhouette caractéristique de l'ouvrage.
Service historique de la marine, Vincennes.

La même casemate que celle de la page précédente après 50 ans.

Cloche blindée périscopique située au-dessus de la casemate pour canon de 88 mm.

L'est de la position était aménagé en point d'appui comprenant mortier, mitrailleuses cuirassées, canon antichar de forteresse, tourelle de char, ceinturé de mines et de fil de fer barbelé.

À l'entrée d'une casemate, on peut voir ce cartouche d'identification de l'ouvrage parfaitement conservé.

Casemate pour mitrailleuse M.G. 34 cuirassée surmontée d'une cloche blindée d'observation du Pointeau à la Libération.
Service historique de la marine, Vincennes.

L'énorme plaque d'acier protégeant la chambre de tir pour mitrailleuse de cette même casemate aujourd'hui.

Aujourd'hui, une partie de la position se trouve noyée dans les maisons d'habitation mais, en empruntant le sentier côtier, on peut encore visiter les casemates de 105 mm, ainsi que deux casemates qui ont conservé leurs cloches blindées d'observation.

Galerie bétonnée reliant l'ouvrage à mitrailleuse à un «tobrouk».

Le créneau de défense rapprochée de l'ouvrage est équipé de deux lignes pour transmissions acoustiques.

De Saint-Nazaire, suivre Pornic puis Préfailles et pointe de Saint-Gildas.

BATTERIE DE LA POINTE DE SAINT-GILDAS ET DE PRÉFAILLES

1 Casemates pour canon de 75 mm.
2 Emplacement pour canon de 240 mm.
3 Radar Würzburg See-Riese.
4 Casemates de flanquement pour canon antichar de 50 mm.
5 Projecteurs.
6 Postes de direction de tir.
7 Mur antichar.

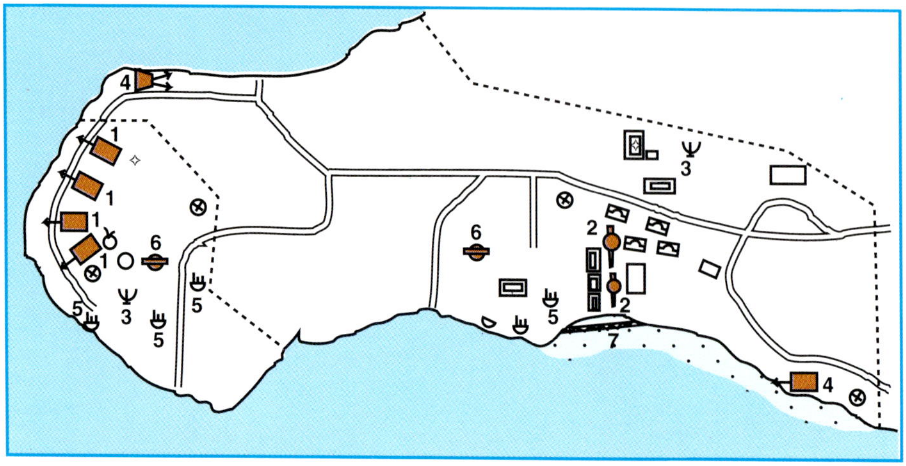

Un des deux canons de 240 mm Schneider d'origine française de la batterie de Préfailles. Il appartenait à la Kriegsmarine.
Musée de la Résistance bretonne.

La pointe de Saint-Gildas était un des points forts du système défensif de la forteresse de Saint-Nazaire. Près de Préfailles, dans un chemin creux qui descend vers la mer, avaient été installées à ciel ouvert deux pièces de 240 mm Mle 1893/96 sur voie ferrée, distantes d'une cinquantaine de mètres l'une de l'autre.

Elles étaient positionnées sur des aires circulaires en béton, avec de chaque coté d'importantes casemates servant de soutes à munitions et d'abris à personnel. Cette batterie contrôlait l'estuaire de la Loire vers le large en croisant ses feux avec les deux pièces de 240 mm du même type de la position de Batz-s-Mer.

Une pièce de 240 mm montre sa bouche à feu au détour du «Chemin des canons» en 1946. Au premier plan, les imposants bunkers servant de soutes à munitions.
Service historique de la marine, Vincennes.

Le même «Chemin des canons». Aujourd'hui, les pièces de 240 mm ont disparu, découpées au chalumeau pour la récupération des métaux juste après-guerre.

Aujourd'hui,
poste de direction de tir,
type marine de Préfailles.

Ensemble de la batterie de Préfailles immédiatement après-guerre, encore équipée de ses deux pièces de 240 mm sur affût pour voie ferrée.
Service historique de la marine, Vincennes.

Ces monstres de 142 tonnes étaient mis en œuvre par un équipage formant la 5e batterie du 280e groupe d'artillerie de marine. Sous la position, un important complexe souterrain avait été creusé servant de casernement, d'infirmerie, de magasins, etc. Lors des combats de la poche de Saint-Nazaire, la batterie ouvrit le feu sur des unités F.F.I. situées dans la région de La Bernerie.

À l'extrémité de la pointe, une autre batterie de quatre pièces de 75 mm avait été installée sous casemates et servie également par la marine. De nombreuses installations y avaient été érigées : poste de direction de tir, radar Würzburg See-Riese servant à la détection des navires, encuvement pour canon antiaérien de 20 mm, projecteur, mortier, «tobrouk» à mitrailleuses.

En fait, la pointe de Saint-Gildas avait été transformée en véritable camp retranché.

Aujourd'hui, le site de Préfailles est méconnaissable par rapport à l'époque. Les constructions, camping et parking, l'ont pratiquement gommé. En revanche à la pointe de Saint-Gildas, l'ensemble de la batterie de 75 mm est intact et l'on peut encore voir à l'intérieur des chambres de tir les cartouches d'instruction concernant les cadences de tir.

Ce cartouche indiquant les cadences de tir est encore visible dans les casemates pour canon de 75 mm de la pointe Saint-Gildas.

Une des casemates pour canon de 75 mm de la pointe de Saint-Gildas.

L'assise bétonnée pour radar Würzburg et, en arrière-plan, le poste d'observation et de télémétrie.

Scène de vie quotidienne dans un abri à personnel.
Musée de la Résistance bretonne.

UNIFORME DE L'ARTILLERIE DE MARINE ALLEMANDE, 1944.

La plupart des batteries côtières lourdes en Bretagne étaient servies par des artilleurs de la marine de guerre allemande (Kriegsmarine).
Elle était organisée en bataillons d'artillerie de marine «Marine Artillerie Abteilungen». Ces hommes portaient un uniforme vert-de-gris destiné aux marins servant à terre. En étudiant l'iconographie d'époque, on constate un important panachage de toutes les tenues en service dans la marine, drap «feldgrau», drap bleu, treillis blanc, etc.
Nous présentons ici la tenue réglementaire. Toutes les pièces d'équipement individuel, cuir de ceinturon, brêlage, cartouchières, etc., sont frappées de l'aigle surmontant la lettre «M» pour la marine.

MATELOT obergefreiter CANONNIER portant l'uniforme vert-de-gris de la marine, réservé au personnel à terre : Casque Mle 35 avec emblème nazi doré, spécifique à la marine. Épaulettes portant l'insigne des unités de l'artillerie de marine (une ancre et un obus ailé). Pattes de col avec les liserés jaunes de la marine sur fond gris séparé de blanc. Aigle de poitrine de la marine, brodé jaune sur fond vert.

Sur le bras gauche : écusson de matelot breveté canonnier. Sur la poche de poitrine gauche : décoration pour les artilleurs de la marine côtière. Brêlage de suspension des cartouchières. Cartouchières. Boucle de ceinturon en aluminium anodisé or, réservée aux hommes du rang de la marine. Grenade à manche Mle 24. Carabine mauser 98 K, calibre 7,92 mm. Bottes de marche.
Coll. Auteur.

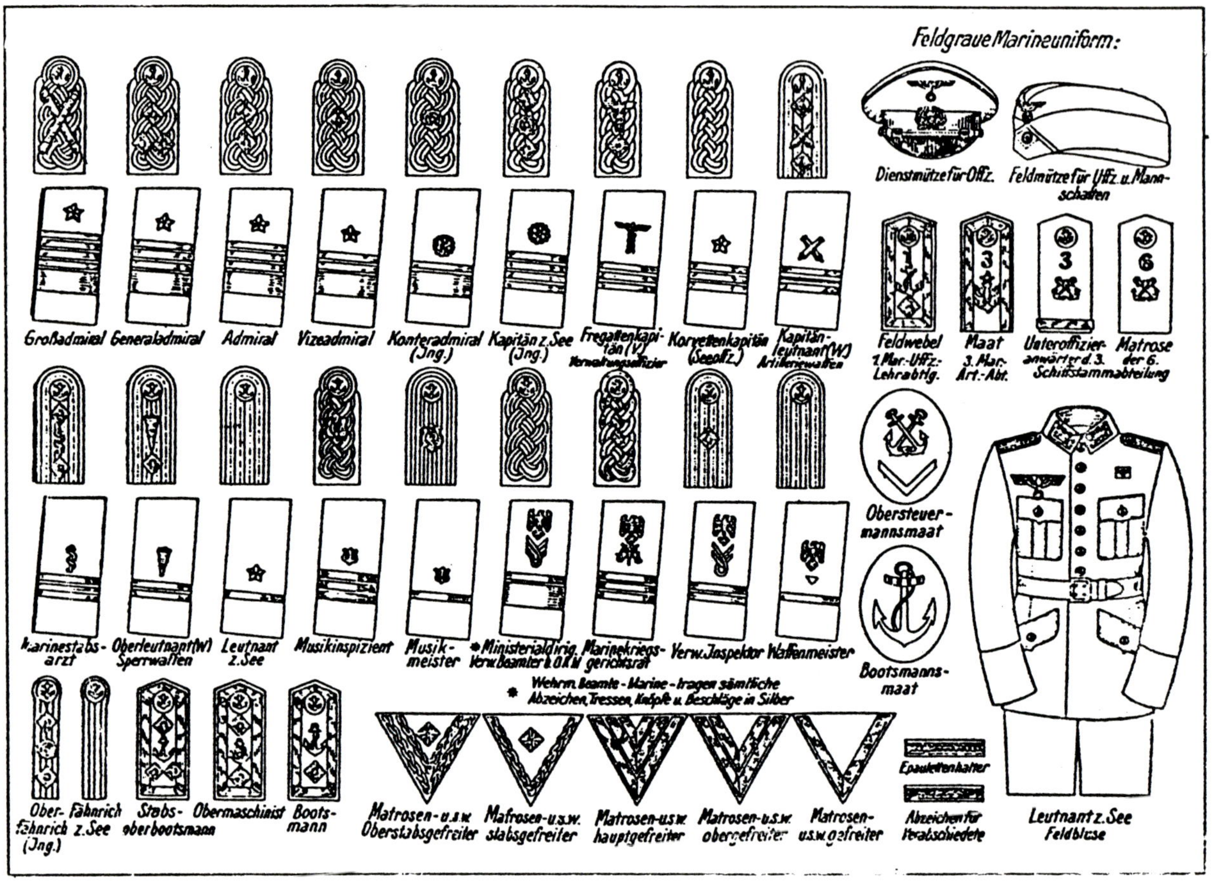

Insignes de grades et de spécialités de la marine de guerre allemande extraits d'un manuel d'époque. À vos dictionnaires ! Musée de la Résistance bretonne.

Sur la veste d'un artilleur de la Kriegsmarine sont disposés de gauche à droite : Livret de soldes d'un artilleur du 262e groupe d'artillerie de marine stationné à Brest. Plaque d'identité retrouvée dans la région de Lorient. Insigne d'épaulette en laiton de l'artillerie de marine. Plaques de ceinturon réservées à la troupe : en bas, premier modèle en aluminium anodisé or et, en haut, modèle plus tardif en acier laqué gris-bleu. Décoration destinée au personnel de l'artillerie côtière pour une action d'éclat dans la conduite de sa pièce sous le feu adverse. Coll. Auteur.

Ce sous-officier, chef de pièces, a capelé son équipement de transmission Siemens raccordé au réseau téléphonique du poste de direction de tir, lui permettant de se mouvoir tout en recevant des ordres.

Détails de l'insigne doré du casque Kriegsmarine.
Coll. Auteur.

Brevet de matelot canonnier surmontant le grade d'Obergefreiter.
Coll. Auteur.

Détails de la décoration destinée au personnel de l'artillerie côtière de marine.
Coll. Auteur.

Épaulette de matelot de l'artillerie de marine. Les boutons d'uniforme sont frappés d'une ancre.
Coll. Auteur.

TABLE DES MATIÈRES

IV – Morbihan

V – Loire-Atlantique

Cet ouvrage a été achevé d'imprimer par l'Imprimerie Pollina S.A. à Luçon (85) - n° 64889
I.S.B.N. 2.7373.1291.4 - Dépôt légal : mai 1994
N° d'éditeur : 2630.01.06.05.94